時報出版

18%

小資族的不動產煉金術

錢進法拍屋，輕鬆賺

法拍小哥——著

回想大學時代，第一次踏入房仲店看房子，被房仲朋友消遣的滿臉通紅，到現在自己完成了這本著作，書寫此書耗時約一年的時間，書寫的過程，回想著當初的點點滴滴，真的是令人回味無窮。

我擔任過房地產領域中的許多種角色：租客、屋主、二房東、房屋仲介（租賃、成屋）、法拍代標、建設公司土開、改建整合、道路用地容移、不動產二胎放貸整合、不動產投資人等，所以才能用各種角度來跟各位分享，每個環節的關鍵，以及每個角色思考的面向，也因為自己的經歷，此書才可以用這麼淺顯易懂的方式來呈現給各位讀者。

此書分成四大章節，由淺到深地介紹新手必須注意的購屋關鍵！緒論－細說人生第一次：從我大學時代對於不動產一無所知到，第一次買到房、第一次募資、第一次賣房子獲利、第一次提告、第一次投標法拍屋等諸多的不動產人生第一次經歷。

第二章、房地產必懂的觀念：此章節會跟大家分享，房地產為什麼會漲跌原因、便宜買好房的方法跟策略、賺錢好屋的藍圖、不動產估價法、如何觀看不動產的身分證等。

第三章、獨創實戰開發密訣：地、環、屋、價，帶大家上戰場實戰開發，教導讀者「房仲市場」開發的技能與訣竅，並且搭配獨創開發評估方法，絕對讓你便宜買到賺錢屋！

第四章、法拍屋5字訣：此章帶大家進入技術門檻較高的環節－法拍屋，法拍屋是便宜買好屋的重要管道，對於想要在不動產市場掏金的您，絕對要了解它的運作，想要在法拍市場成功揮拍，除了要熟練「地、環、屋、價」外，還要熟練不動產法律知識（民法、強制執行、土地法、

稅法 ......）、不動產估價、募資技能、溝通談判等，此章要以前三章為基底，且深入更多的技能，才能在法拍市場擔任常勝軍。

最後，這本書希望可以傳達「自住兼投資」的理念，對於想買房自住、或買房投資的人，把此書成為你錦囊秘笈。

憑此書發票，可線上【Line】1 對 1 房地產諮詢一次價值 3,600 元！

―――――

法拍小哥

【LineID】@iuh8829s

【Line@】https://line.me/R/ti/p/@iuh8829s

【FB 法拍小哥】www.facebook.com/85soez/

【FB 社團】www.facebook.com/groups/85soez

【IG】aiden-85soez

【Youtube 頻道】法拍小哥

目錄

Ch**3** 實戰演練：便宜買好屋流程

Ch**4** 標購法拍屋必懂的 5 字訣

緒論

細數人生的許多「第一次」……

媒體炒作加上各種經濟指數搗亂，讓購屋變成現代人心中又愛又怕的一道難題。

這一道又一道的關卡，導致民眾對於「房地產」產生了許多不正確的憧憬或陰影，接下來就讓筆者帶領大家，細數他跟房地產之間的恩怨情仇，以及透過房市交易，帶給他的許多人生的第一次……。

心態。

買賣房屋，賺到人生第一個 100 萬

身邊的好友們總愛取笑我是「思想的巨人，行動的侏儒」，即使身邊很多朋友都已開始投資房市並且獲利，但我依舊遲遲不敢發動！直到有一天……

從小到大，我的物質慾望就不高，雖然我很希望讓家人可以過上更好的生活，但想法是有，做法倒是一直在變動。直到我上大學之後，開始在外面打工賺零用錢，這才算是半正式地開啓了我的光明「錢」程！而我的第一份兼職工作就是當業務，而且是沒有底薪的那種。我當時選擇在一家知名補習班以及美商大品牌的直銷公司擔任業務，打工賺錢的那段日子，讓我真正體會到錢真的很難賺，我透過網路行銷的方式招攬業績算是稍有斬獲，雖然沒有賺到很多錢，但至少讓我的大學生涯裡，無需擔心零用錢的花用。

我想聊聊自己在大二時加入美商直銷商擔任業務的經過，當時的我，完全不懂什麼是直銷，只是聽朋友說起這家公司在台灣已經營了五十幾年，產品也很好用，而且入會費只需要 100 元，直覺沒什麼風險，就這樣加入了。在那之後，自然是專心地投入並且用心經營，希望能在這裡賺到錢。短短兩年間，我的組織逐漸成長到有 250 人之多，在當時也算是小有成就。換算成報酬的話，我在大學畢業時，也就替自己存下了人生的半桶金。

大學畢業後開始踏入職場，我便利用那半桶金，再透過房屋貸款買下自己人生中的第一間房子，雖是購入屋齡較大的老舊房子，經過裝潢後整理得漂漂亮亮，以它來收取租金，待租約到期後，再把房子賣給也

想要當房東的新屋主……，透過這樣的操作方式，起初以 360 萬買進這間房子，最終以 662 萬的價格賣出，讓自己在 25 歲的時候，扣掉成本後，租金 + 資本利得約落在 100 萬左右。

22 歲的我，遲遲不敢踏進房仲店

直到現在回想當時大學生時代的我，身邊依舊有許多朋友都會分享自己如何透過投資房地產獲利，不論是投資或當房東收租金，而這樣的結果也讓我開始躍躍欲試。當時的我還年輕，社會經驗不夠，說好聽些是思想上的巨人，但卻是行動上的侏儒，所以念頭總歸是念頭，實際上卻是遲遲不敢踏出第一步。

若真要歸咎原因，從未買過貴重物品可能是主因，畢竟從小到大，我曾買過最貴的東西了不起就是五萬元以內，遑論是想要透過自己的力量來參與動輒上百萬甚至千萬等級的房地產投資！所以，回想自己從開始興起念頭，直到第一次真正踏入房仲門市，大約也間隔了半年之久。這段期間，我總會找出各種理由來告訴自己，我很忙，沒有時間去看房子、買房子。現在回想起來，當時的我確實犯了一個思想上的謬誤，導致我遲遲都不敢踏上找房仲帶看房子的第一步，那就是──**看房就等於我就要買房**。

其實當時的我身上並沒有太多存款，對房地產市場更是一無所知，各種因素導致我完全沒有勇氣踏入房仲門市開口表示「我要買房子」。回想自己當初因為觀念的差異遲遲不敢行動，而我相信，其實現在應該也有許多年輕人跟當時的我一樣，所以，我希望能夠藉著本書，大方分享自己當初的狀況，協助大家踏出成功的第一步。

拋開抗拒心理，做足準備往前衝

　　學生時代的我，每週都會去參加房地產的各種活動聚會，而我因為是聚會裡年紀最小，最沒有經驗可以分享的那一位，所以我總是樂於跟活動的主辦人打好關係，例如每次活動前一小時就提早到場幫忙，也因為我的主動協助，慢慢地，我跟活動中的幾個夥伴開始熟絡起來，終於有一次，他們問我：「看你也參加這麼多次活動了，但你直到目前卻仍未曾開始行動，是不是遇到什麼問題(困難)呢？」

　　聽到前輩們終於關心起我了，我當下趕緊跟他們分享：「我目前還是不敢踏出去，感覺自己心裡的抗拒力道還蠻強的，不知道大家以前有沒有遇到這樣的情況，可否幫我一下？」

　　聽完我的問題，大家開始幫我分析，心裡的抗拒為什麼會這麼強烈？整理出來的問題有以下幾個：

　　1. 我們是真的想要買房子，但是看這一間房子並不代表我們必須要買這一間房子，看房是評估一間房子的條件是否是我們真正需要的，畢竟如果地點、屋況、價格等條件都是我們需要的，那我們有什麼原因不買呢？

正面 & 反面的投資心理因素

正面	反面
1. 我想要買房來投資	1. 看這間房子等於要買這間房子
	2. 我對房地產什麼都不懂，不知道要看什麼
	3. 我怕賠錢
	4. 我沒有資金

2. 有關投資房地產與交易買賣，必需徹底弄懂的知識其實蠻多的，從估價、產權、環境、地點、格局等面向來評估這間房子的入手價格，以及未來要出場的價格等，每項都是學問。如果想要了解更深入的房地產規則，建議可以先從不動產營業員、不動產經紀人的課程學起，讓自己充分建立投資房地產的基本觀念與知識。

3. 中國人「有土斯有財」的觀念很深，所以在華人世界中，只要標的物的地點好，價格相對便宜，那麼這筆生意的投資報酬相對就會提高許多，總括來說，訓練自己挑選好物件的眼力與談判能力，便能有效降低投資風險提高投資報酬率！

還記得這位前輩曾問我，如果這間房子價值 500 萬元，但屋主卻願意用 10 萬元的代價賣給你，那麼請問你是否會立即跳進去買？我聽完後回答他：「當然是二話不說：馬上進場買啊！」他回答我：「你會買是因為你有存款，所以你勇於進場，我相信你是有能力也有勇氣的年輕人，如果你願意持續累積自己評估房地產能力慢慢提升，我願意跟你一起合作！」聽到這裡，當時的我就如同看到一線曙光，始終踏不出去的心理壓力，也在這時開始出現破口，畢竟終於有人發現我也願意與我合作，我當然求之不得，也就是這樣，我終於開始踏上自己的看房之路……。

房市好旺角

想要投資房地產嗎？先確定自己備妥以下三寶喔！

· 首先，記得準備一小筆資金
· 再來，務必要勇敢地踏出第一步
· 最後，持續累積並充實自己的不動產投資技能與知識

勇氣。

踏進房仲門市，
卻被誤解為新人面試

話說有了前輩的支持當後盾，大家可能會認為我應該就此一帆風順了！然而事實上，事情的發展似乎沒有想像中那般順利！

回想人生第一次踏入房仲店，是在我剛上研究所的時候，當時參加了房地產的課程，認識了班上的一些朋友，當時每週都會有一個小小的飲料店聚會，每週都會安排一些有經驗的同學上來分享，他們自己在房地產投資收租或買賣的相關實際經驗。

當時的我剛進中興大學研究所的碩一新生，教授們尚未開始針對我們的研究進度緊迫盯人，所以，只要是沒課的時候，我就會自己跑去房仲門市看看是否有新的物件出現。

自己第一次踏入仲介門市的當下，我選擇的是有巢氏的某個加盟店，我在店門口及櫥窗前來來回回走了快半個小時，腦海中一直反覆演練房仲會問我的問題？而我又該怎麼回應？最後，我終於鼓起勇氣踏進去了……，而結果令人啼笑皆非的是，房仲問我的問題，完全不在我一開始的演練範圍內，甚至還跟買房子毫無關係─因為房仲業務把我當作是前來應徵工作的新人。

直到後來，我表明自己其實是想要買房子，業務這才邀請我入內坐下並且端上一杯白開水。我永遠記得那位房仲業務問我的第一個問題：「陳先生，請問您要找尋什麼類型的房子？」而有了一個好的開始，我們便開始攀談，他在釐清我的購屋預算、格局類型以及屬意區位等基本

需求後，條理分明地幫我選出兩個物件，便帶我過去看房子了。

打腫臉充胖子，下場慘兮兮

其實，看房子的過程才是你跟仲介培養關係最好的時機，因為在看房子時，你有充足的時間跟房仲聊天，讓他更加了解你的需求。只不過第一次看房的我，因為是新人，所以很快地便被經驗老道的仲介看穿，業務發現我其實並不如自己在加盟店內所講的那麼經驗豐富……。

在店裡時，我跟業務說自己有一個投資團隊，共有三名合夥人，我們之前有一起買房收租金的經驗，也有自己的工程團隊與工班，資金也算充裕……，之後，我們到達物件現場時，仲介簡單介紹了整個屋況，他問我是否要參考一下建物謄本？而當時的我其實對房地產還是一無所知，只記得自己居然不經大腦想過便直接脫口而出：「什麼是建物謄本？」然後，只能眼睜睜地看著仲介的臉色忽然沉了下來，改用比較低沉且充滿懷疑的語氣跟我說：「你不知道建物謄本？」

我雖知自己闖禍了，但還是不願馬上服輸，於是趕忙從業務手裡拿了建物謄本來看一下，發現自己除了讀得懂每一個字以外，就是完完全全看不出這個謄本究竟有什麼名堂？當然，這第一次買房就是這麼般草草結束，第二次房仲朋友自也藉口說有事必須先走，大家就這樣一拍兩散了……。也就是這麼兩次教訓，終於讓我徹底領悟自己的房地產知識竟是如此的缺乏。過去的我居然還敢天真的以為，買房子不就是找一個供自己居住使用的空間，萬萬沒想到全然不似我想像的這麼簡單，台灣的房產分建物＆土地，而且都有各自的身分證資料，例如謄本、權狀等等，而且在台灣的不動產是採物權登記，換言之，台灣不動產交易的過程是非常嚴謹的，而非我想像中的這麼簡單！

而這兩次的經驗讓我十分受挫，我足足有三個禮拜不敢再踏入任何一家房仲門市。當然，我也開始找尋更多與投資房地產相關的資源來進修，除了去圖書館借書來研讀，參加投資房地產的分享課程，甚至還報名了不動產營業員的課程去進修。只是不找資料研究還好，一找資料就把自己搞得暈頭轉向，因為房地產的知識根本不是自己原先想像的這麼簡單，這當中有許多規則與法規，例如土地法、土地稅法、房屋稅、房地合一稅、平均地權條例、都市計畫法……等，艱澀且難懂的內容比比皆是。

再者，房地產知識之所以深奧，無非是因為房地產領域牽涉甚廣，例如土地法、都市計畫、稅法、民法、產權、建蔽容積、建築結構等，上述每樣東西都可以再延伸出更多議題，這些知識在我剛開始接觸房地產的第一年，樁樁件件都是未知的領域，儘管這些知識如此深奧，但卻是踏入投資房地產領域的基本功，都是萬萬不能短缺的重要知識。

利用空檔補強，精進房市投資專業

記得當時要拿下不動產營業員執照根本不需要考試，現在則必需經過考試才能取得。我當時在公會上了足足三十個小時的不動產課程，主題內容包括民法、不動產估價、土地法、土地稅法、經紀人條例等內容。只是我在上課時，老師在講台上講授不動產法規的內容，而我真的是有聽沒有懂，什麼物權、債權、土地分區、地價稅、房屋稅、契稅、重置法、都市更新權利分配等，對於一個工程學士背景，且沒念過任何法律條文的學生來說，真的是一頭霧水。只是我依舊不願放棄，還是強撐著把這三十個小時的課程念完，順利取得證書，但即便如此，我對房地產知識還是茫茫然，只能勉強說有了一個粗略的輪廓方向。

後來，我再接再厲地前往圖書館找尋記載相關資訊的書籍，發現法規實在多如牛毛，根本不知道從何念起。最後，我決定改變策略，直接上補習班求援，找到了一間專門在教法律考照的補習班，報名線上課程，開始利用課餘時間上課，補足自己欠缺的房地產知識。

當時我專心投入證照考試的專業教學，在上課學習中常常讓我有豁然開朗的感覺，因為在看房子的時候，房仲常常都會講起很多我完全不了解的相關法律專業知識，例如房地產的殘值、房地產的稅費、土地規劃、都市更新、租賃合約、物權交易、土地開發、細讀謄本、複雜產權、抵押權、限制登記、他項權力、容積建蔽率、房屋結構、二胎、土地增值稅、公告現值、移轉現值、公告地價等。而每當房仲業務朋友跟我說起這些專有名詞，我當下也不敢開口問他們，畢竟我也害怕他們發覺我不是真正的行家，而不願意報好的 A 級案件給我，而把我排除在 A 級名單之外。所以在課堂上，我只要聽到老師講解到自己困惑已久的問題，我常會興奮到手足舞蹈久久不能自己。所以，對於想要開始第一步的新手菜鳥們，我會建議大家也從這一步開始，一邊研讀法律一邊實務看房，這種成長絕對是最迅速也最直接的！

知識。

第一個讓我心動的，
竟是「地雷」物件

實務經驗很重要，但是膽量卻是最好的途徑，但只有膽子卻沒有腦子這也不是辦法，所以，我奉勸大家雙管齊下才是最佳良方，持續學習專業知識，另外也要不斷看房，累積更多實務經驗，如此一來，成功亦不遠矣。

　　很多前輩們都跟我說，看過一百間房子之後，你就會真正知道自己要什麼？這時便可以出手。可是每每回想當時的我還真不知道到底在看什麼，總覺得房子就是一個空間，每次通常只花個三分鐘就看完了，私毫不清楚看房子的重點是什麼？甚至不知道怎麼評估價值？

　　當然，現在的我相當清楚自己想要找什麼物件，看房子時要注意哪些重點，畢竟一開始看房子時，我連自己是要自住還是投資都搞不清楚，結果便是公寓、華廈、電梯大樓都約來看，甚至連地區也不限制，因為一開始我只跟仲介說，我想要買價格便宜的房子，所以仲介就帶我到處看，後來我發現這真是浪費時間。而待我重新整理自己的方向後，我鎖定總價相對較低的物件地段良好的房子，地區鎖定在租屋需求量大的台中市北區，鎖定的類型為公寓，至於屋齡、坪數、樓層等不設限，只要是價格便宜的房子，我都有意願出價，自此之後，我終於發現自己開始有方向！

　　還記得有一天，我接到一通仲介打來的電話，語氣聽來非常急促，他跟我說：「有一個物件因為屋主開價低於市場行情，十分難得，若有興趣便趕快來看。」我當時非常緊張，因為看屋經驗不多，也很少碰到

仲介願意提供便宜物件給我，於是趕緊放下手邊的工作，跟著仲介跑去看看這一間房子。看過之後，大家都覺得這確實是一個屋況不差、地點跟生活機能也不錯、甚至開價還低於行情的物件。興奮到不行的我當下便請仲介把謄本（這部分由地政司所管轄）調出來看看，並且趕緊把此物件跟前輩們討論……。只是萬萬沒想到，前輩們看過這個案子後居然跟我說：「此地段是乙種工業用地，雖然是在都市計畫內的土地，但因為屬於工業用地，所以這樣的開價其實並沒有比較划算。」

我當下聽得一頭霧水，什麼是工業用地？而且謄本上面的使用分區也沒有顯示是工業用地啊！前輩看我一臉茫然，於是跟我說：「謄本是歸地政司來管理，都市計畫內的土地則是由營建署來管理，所以是在都市計畫內的土地。而謄本不會顯示土地的使用分區，此區的物件通常都會賣得較便宜的原因，就是因為此房子的土地使用分區為乙種工業用地的關係！」

當時的我，根本還不太懂謄本、土地分類、使用分區到底是什麼意思，但是我把前輩跟我說的內容轉述給仲介知道：「此物件的土地是屬於工業用地，所以他的開價根本沒有比較便宜」。業務聽完我的解說後，態度支支吾吾，一臉心虛的模樣，這才明白我並不是那麼好欺騙的客戶，日後提供給我的物件相對也就不再出現此類的假狀況。

看不懂謄本，慘被仲介騙

其實除了我自己，身邊親友們因為專業知識不夠，再加上誤信不當資訊，差點買下條件不好的物件，這種例子比比皆是，奉勸大家不得不謹慎！

還記得某天有一個朋友打給我，他向我表示自己想要做一些資產配

置，想買個房子來穩定收租，但是他其實對不動產沒有太明確的概念，所以拜託我從旁協助他找到適合的房子。也因為是自己的好朋友，所以我當然答應從旁協助他，之後他就開始自己去找仲介看房子，看了大約十幾間之後，他跑來找我：「我覺得我找的房仲業務很奇怪，跟我介紹房子時，感覺都不太會講真話……。」

有一次透過仲介介紹，他看中了一間房子—屋主開價 280 萬，室內坪數 28 坪。他已經看過一次，並且下了 10 萬的斡旋金，因為他覺得價格真的蠻便宜，地段跟周邊環境也很好，只是他心裡總有一點點疑慮：他感覺這個房子不像仲介所說的有 28 坪？於是，他打電話給我，請我過去幫他鑑定一下。掛上電話後，我立即帶著儀器過去幫他測量，結果發現，這個房子的實際坪數還真的不到 28 坪，只有 21 坪，另外的 5 坪多的空間是用鐵皮屋外推的虛坪，結果與仲介所說的確實落差很大。

我當著好友的面就跟仲介提出抗議，表示他已嚴重違反法律上的居間人義務，如果真的因為不實的訊息導致消費產生糾紛，我們有權利上法院對這位居間人提告並要求賠償。這位仲介看到我並非外行，他就立即改變他自己的說詞，表示是自己看錯了，立即跟我們道歉，最後則是退回 10 萬的斡旋金了事。

朋友一直感謝我協助他，表示自己在不太懂房地產的情況下貿然投資，其實蠻容易採到地雷的，由此可知買一間房子要考慮的點很多，地段、環境、產權、坪數、格局等各式各樣的評估點，每一個環節都需要釐清，才能有效降低風險。

也因為這幾次差點上當成交的經驗，讓我更加篤定必須盡快補強自己的房地產專業能力，否則肯定在資訊不對稱的坑裡摔一跤！房地產是

一個技術門檻不低的領域，直到現在我還是持續不斷地學習，這一路走來的經驗，希望能供大家做為寶貴的參考。

實戰。

第一次下斡旋，投資房市開買啦！！

看到中意的房子時，就直接拿起電話跟房仲約看房吧，不用考慮屋主開的價格高低，畢竟屋主的開價跟最後的買價，常常會有天大的落差！

　　曾經有某位房仲業務介紹一個物件給我，整體條件不錯，是一個實際坪數約有 31 坪的三樓公寓，但可惜的是價格並未落在我們認定理想的價格帶上，業務告訴我們，屋主掛賣很久了，最近因為急需用錢所以要把房子賣掉換現金，希望先下斡旋，讓他去試試看。

　　與合夥人討論後，我們決定出價去試試屋主的心態，當時的我年僅 23 歲，但卻下了人生第一張 250 萬元的斡旋（房地產購買意向書）。其實我當時非常緊張，因為在我尚算青澀的人生當中，還未下單買過單價這麼高的物品，所以在房仲店內簽下這張斡旋的時候，我除了心跳很快，手心還不斷冒汗……。雖然最後房仲回覆的消息是屋主不願意降價求售，但這畢竟是我人生的第一張斡旋書，對我來說確實是個很特別的經驗。

第一次與人合資買房，功敗垂成

　　我人生第一次跟別人合資買房子，是在我 23 歲的時候，有一個姓李的前輩看我很努力地看案子，對於市場上行情也算清楚，也能釐清土地的使用分區，看房時對於屋況跟找出瑕疵也相當熟稔，於是便口頭邀約說願意一起合作。在了解雙方的意向承諾後，便動手擬妥了一份要約，白紙黑字地把方才的協議寫下來，以便確定未來合作時的權利義務。記

得當時的合約書上註明了：

「地段為台中市北區，在半年內找到相對便宜的公寓物件，公寓進場單價在每坪 8 萬以下，沒有重大的瑕疵屋況、土地為都市地區裡面的住宅區或商業區，投資人願意入股比例 85%，並且設定預告登記。」當時簽了這個合約以示為合作意向書

但最後因為我並未在半年內順利找到適合的投資物件，所以此份合約無法生效。但是經過此次的經驗讓我體會到，在房地產的市場上，物件的稀缺程度確實大於資金的投入程度。

開價開得嚇死人，成交卻是笑死人！

之後的某一天，我跟研究所同學正在吃飯聊天，熟識的房仲業務朋友來電，跟我說有一個位在西屯逢甲商圈的透天厝屋主急售，因為屋主生意資金周轉不靈，希望趕緊把店面變現。結果仲介說屋主想要賣的價格為八千多萬，我一聽到馬上覺得傻眼，心想哪有人房子急售卻開這種芭樂價。但是，在聽完仲介的建議後，我轉念一想，反正還是去看一看吧，屋主若真的急著脫手，說不定還能撿到便宜！

此時，我身邊的研究所同學也很好奇我是怎麼跟房仲打交道的，於是我也邀請他們一起去看看這個透天厝。

到了現場，房仲也不囉嗦，開始跟我介紹這個物件有多好。我聽完後跟房仲說：「這間透天厝，地點、座向確實挺好，建物謄本登記只有兩層樓，但屋主卻增建到四樓，雖然使用建坪有增加，但日後我們若是申請貸款，銀行還是只會依照謄本登記的坪數來核貸，所以若依照我們的一次出價的模式，我們只會出價 1,100 萬，如果屋主有願意，你再來

跟我說。」看完離開後，研究所同學驚訝的問我：「我只是一個年紀不到 25 歲的在學學生，為什麼有勇氣去看八千多萬的產品？」

我笑笑說道：「很多屋主根本都在亂開天價，我們根本不需要理會屋主的開價，因為買賣雙方本來就是站在對立的。」回家後，我回神一想，很多新手好像都會被屋主的開價給嚇到了，但其實我們看房歸看房，最重要的還是要練就房地產的火眼金睛，學會評估房地產的價值，而非給屋主的亂開價給嚇到了。

所以，下次看到中意的房子時，就直接拿起電話跟房仲約看房吧，不用考慮屋主開的價格高低，畢竟屋主的開價跟最後的成交價，常常是「開價開得嚇死人，成交卻是笑死人！」的情況！

募資。

成功募資 300 萬，
打造人生首座金屋！

大家應該都會對「募資」這個議題感到非常好奇，為什麼買一間房子可以用招募資金的方法，我在這邊跟大家分享自己當初成功募資的過程。

簡單地說，**資方可以分成兩個部分：一是銀行，二是投資人**。至於出資人他們是否願意投入，主要還是看以下兩個主要因素：首先是**物件是否有競爭力（買賣價差、租金收益）？再來是這個人是否有償還能力？**

在台灣，房地產相對比較容易募集到資金，因為房地產是採「登記」制的物權資產，不像一般的動產物權是「合法占有」，所以在台灣房地產移轉是一個嚴謹的過程。甚至在銀行眼中，房地產是一個產權相對安全的抵押品，也因為華人世界有土斯有財的觀念下，讓房地產相對更加保值。而在在投資人的眼中，房子的產權可以採用抵押權以及各式限制登記的物權方法來保障投資人的債權權益。

至於我人生第一間房子是買在桃園縣政府附近，當年在這個地區，公寓價格約落在每坪 12 ～ 15 萬元間，當時買下此間的總坪數是 36 坪，價格落在每坪 10 萬元上下，此房屋已經十多年沒住人，屋狀並不是太好，牆壁甚至還有滲漏水的情況。

記得在決定買下此間房屋之前，我心裡已有萬全準備，做好整個沙盤推演，規劃未來的操作模式。依照我們規劃的方向，未來將會有兩種獲利模式，一種是整層收租、另一種則是格套收租。而依照操作模式的

不同，會有不同的資金需求。以下就是我們針對這兩種模式的規劃。如果是你們來操作，會選擇哪一種模式呢？

項目	模式	自備款	貸款	裝潢費用	租金收益	出租後每月收租現金流	出售後價差獲利
方案1	整層收租	買價360萬，2成自備款（約72萬）	288萬（30年還款、利息2.2%）	70萬	12,000～15,000元；每月房貸本利攤還：13,000元	-1,000~2,000元（本利攤還-13000+租金收入13000)元★	0～20萬
方案2	隔層收租			180萬（隔成5間套房）	4萬／月（5間套房總租金）；每月房貸本利攤還：13,000元	27,000～20,000元	50～200萬

★三房二廳自住類型通常出租後比較難出售，因為出租期間較難帶看，所以很多屋主在出售期間，月租金現金流為-13,000元。

　　看完以上數字後，我想很多人應該會選擇方案2吧！我們最後也是選擇方案2的模式，我們在購買之前已經清楚了我們出售的價格以及獲利空間，也確定了持有期間的成本與風險，於是我就開始找投資人一起來合作！

　　說起這個案子，我其實一開始被很多投資人拒絕過，但我也在過程

中不斷修正，回想一開始做的投資企劃書，發現自己寫的內容真的很簡略，透過一次次的募資簡報，與投資人的互動過程，我發現自己的不足。那一次，我向一位中興大學 EMBA 的學長募資，他對於桃園的物件沒有太多的認識，為了給他更深入的介紹，我還跑去此物件附近新建案的代銷中心，規劃一次精美的房地產介紹。為了讓簡報更有說服力，我甚至把接待中心發送的 DM 拿去掃描，放到我的簡報企劃裡面，希望能夠說服投資人認同此物件的未來增值性與收益能力。

此外，我發現代銷公司的接待中心都會設有樣品屋，藉此讓消費者有更深刻的賞屋體驗，於是我也去跟裝潢師父要了一些他之前裝潢過的物件照片來增加投資者的體驗與未來的空間想像！儘管此位 EMBA 的學長沒有投資我，但輾轉經過多次的努力後，終於讓我成功說服了三位投資人募集到 220 萬的裝潢 + 頭期款的資金。

第一次自己做室內設計

就這樣……我終於成功買下這個物件了，但因為手邊資金依舊不足，所以我持續跟周邊的親朋好友們募資，不久後募集到 300 萬資金後，裝潢工程就開始準備進場了！

我自己其實有一個信念，那就是每個人都是自己獨一無二的室內設計師，所以既然機會來了，我自然也不會放過一展身手的機會，於是，我開始著手設計心裡想要的空間格局—拿著量尺就到現場去丈量，並把每個牆面的長度、格局畫出來，並且開始想像未來的隔間完成後，房子會變成什麼樣子。只是，待我完成了人生第一個格局規劃圖之後，我拿著它去找裝潢師傅討論，統包師傅看了我的格局規劃圖之後，嚴肅地跟我解說這份藍圖若真的執行下去，肯定會出現很多問題，例如我沒有考

慮到管線的走向，完工後，不僅是糞管、水管會常堵塞，也會因為需要額外灌注水泥二～三個房間，讓建築物的載重加大負荷，容易對於建築物的主結構體造成一定程度的危害。

師傅看我很失望，於是親自幫我修改了一個新版本，並且提供適合這個空間的家具、家電尺寸大小，叫我親自去量家具家電的寬度，以便根據真實的長寬比例下去規劃。果然，師傅修改過後的室內設計圖，糞管與水管的規劃只需要墊高走道，大幅降低了建築物的載重負荷，最後我決定依照師傅的建議，再做一些格局的微幅調整，前後討論了近一週的時間，終於拍板定案！

經過這次的經驗，我終於發現其實建築這門學問確實有很多眉角在，也了解到一個建築物的好壞，並不在於室內裝潢得多漂亮，而是基礎工程是否扎實！至於我為什麼會覺得房子蓋得扎實，遠比美侖美奐的裝潢更重要？實在是因為我人生的第一個夢想金屋之後還是狀況連連，至於是什麼狀況，且容我在下一篇再為各位做說明……。

訴訟。

爲了抓漏……？
生平首次寫狀紙、上法院

很多事情都是陰錯陽差，當下的反應跟決策都會影響日後整個局勢的演進與發展，而我呢，自認是乖寶寶一枚的好孩子，又為什麼會為了一間房子與人告上法院？這當中的曲折離奇，還真是值得記上一筆……。

承接上一篇的介紹，我人生的第一金屋前後歷經三個多月的裝潢，終於順利完工，我跟合夥人大家都很開心。但高興的日子過不了幾天，我發現每逢下雨天，A房的牆壁便會不斷滲水，而且樓梯間的漏水就如同小瀑布一般，活脫脫她就是外面下大雨，裡面下小雨。我當時也找了很多抓漏的師傅來看，也找了檢查建築結構的專業技師來處理漏水的問題，然而俗語說得好：「醫生驚治嗽，土水驚抓漏（台語）」，漏水原因千百種，我們單純為了這個漏水，試了五、六種的方法，可說是再多花了近一倍的時間處理，例如頂樓防水漆、外牆上防水漆、屋凸批土補強、樂土補強、頂樓從新挖排水明管、窗框外加遮雨片、窗框防水……，但結果就是無法盡如人意，頑強的漏水妖怪依舊在對著我哈哈大笑。

這個漏水問題讓我傷透腦筋，卻也想不出什麼辦法可以解決，直到有一天，我正在屋子裡發愁時忽然想到，我的房子位在3樓，而上方漏水或許是跟樓上房屋有很大的關係吧？我何不問問4樓跟5樓的住戶一起討論看看呢？想通了之後，我趕緊準備資料前去拜訪4樓的鄰居，希望大家能夠一起解決難題。

人生第一次寫狀紙，上法院提告求援助

誰想到老天爺還是要跟我開玩笑，經過多方打聽的結果竟發現，4 樓的屋主已經十幾年沒住在這邊了，只剩戶籍地依然放在這邊，我們透過里長協助找尋這位鄰居，他也不知道這位鄰居目前的去向……，最後，為了找到屋主前來解決漏水的問題，我不得已只好透過法院的力量來找人。

其實回想起來，上法院提告是我根本想都沒想過的經歷，因為在我的人生中，我一直是個乖乖讀書的好孩子，從沒上過法院，對法院的印象就是犯罪才會去的地方。長大後也是因為要準備不動產經紀人的考試，這才開始對房地產以及法律有一些認識，也是因為這樣才知道，若真遇上什麼糾紛，其實也都可以透過民法以及與不動產有關的律法到法院訴訟解決。那麼回歸正題，既然決定要走法律途徑，我就決定自己來實踐這一切，所以，我把之前讀過的不動產法律翻出來，找了幾條比較相關的法條，也 Google 一下發生過的漏水的糾紛，確定是否有什麼條款可以保障自己的權益，最後，我整理出三個相關法條。

一、《公寓大廈條例》12 條：「共壁是屬於區分所有權人所共有，如果共壁漏水，共同的所有權人就需負共同修繕的責任。」

二、《民法》第 184 條的侵權行為中提到：「因故意或過失，不法侵害他人之權利者，負損害賠償責任。」

三、《民法》第 767 條的物權請求提到：「所有人對於無權占有或侵奪其所有物者，得請求返還之。對於妨害其所有權者，得請求除去之。有妨害其所有權之虞者，得請求防止之。前項規定，於所有權以外之物權，準用之。」

而以下就是我當初自己親筆寫下的狀紙。（參看 p.30 圖表）

把狀紙遞送到法院之後，過了三個月，法院終於開始審理此案，法院發出公文，要求兩造雙方出庭。但是由於法院也跟我一樣，先把出庭的通知書寄送到他的戶籍地，也就是我房子的樓上，導致原屋主還是無法收到通知出庭，法院就發出公文，請戶政事務所提供 4 樓屋主的居住地，最後終於把屋主從台灣二千三百萬人的茫茫人海中找了出來。

人生第一次寫狀紙，上法院提告求援助

就在某一天，里長打了一通電話給我，他問我：「你是不是告一個老太太？這個老太太哭哭啼啼的來找我！」我一開始還想不起來這檔事，後來才回神過來，我確實因為房子漏水的事情向樓上的屋主提出告訴。於是，我趕緊追問里長，這位屋主目前的情況。

我說：「里長，這個老太太幾歲？她怎麼說？」

里長說：「這個是一位 80 歲的老太太，是退休的國小老師，她跑來找我，哭哭啼啼地說自己一輩子都是優良公民，沒有招惹過誰，也沒有上過法院，為什麼會忽然收到法院寄來的出庭通知？」

里長緊接著又說：「你為什麼要告她？你現在打算怎麼處理這件事情？」

我說：「里長，請您幫我跟屋主講，我只是想透過法院找到她而已，我並沒有真的想要對她提告！主要是因為我的房子漏水，一直找不到她，所以才會用這個方法，請里長幫我轉達給這位老太太，只要我們雙方好好溝通並處理好房子漏水的事情，我會立即撤告的！」

里長說：「可是現在這個屋主非常生氣，你下周二是否有空來我的辦公室一趟，我約你們兩位坐下來好好聊聊。」我當下連聲說好，並約

民事起訴狀				
案　　號	年度	字第	號	承辦股別
訴訟標的 金額或價額	新臺幣	200,000		元
稱　　謂	姓名或名稱	依序填寫：國民身分證統一編號或營利事業統一編號、性別、出生年月日、職業、住居所、就業處所、公務所、事務所或營業所、郵遞區號、電話、傳真、電子郵件位址、指定送達代收人及其送達處所。		
原　　告	陳█	國民身分證統一編號：█████ 性別：男　生日：█████　職業：商 住：████████████ 郵遞區號：　100　電話：████████ 送達代收人：████ 送達處所： ███████████████		
被　　告	████	國民身分證統一編號：H200＊＊＊＊＊1 性別：不詳　　生日：不詳　　職業：不詳 住：█████████████		

為請求修繕房屋漏水排除侵害等，依法提起訴訟事：

訴之聲明

一、被告應容許原告進入其所有 ▓▓▓▓▓▓▓▓▓▓
內，進行漏水修繕工程至不漏水狀態為止。

二、房屋漏水予以修復，並賠償新台幣新臺幣 200,000 元。

三、訴訟費用由被告負擔。

事實及理由

一、原告係坐落 ▓▓▓▓▓▓▓▓▓▓▓▓▓▓ 3 樓房屋所有權人，被
告係坐落 ▓▓▓▓▓▓▓▓▓▓▓▓▓ 4 樓房屋所有權人，由於
被告 4 樓之樓地板漏水，致原告 3 樓天花板漏水，致原告房屋無法使
用，原告已寄送的存證信函通知被告出面處理，但因樓上長期無人居
住，導致存證信函無人接收與回復，原告依法起訴。

二、原告依民法 767 條規定，所有人對於無權占有或侵奪其所有物
者，得請求返還之。對於妨害其所有權者，得請求除去之。有妨害其
所有權之虞者，得請求防止之。原告請求被告排除侵害及回復原狀。

三、公寓大廈管理條例第 12 條：專有部分之共同壁及樓地板或其內之管
線，其維修費用由該共同壁雙方或樓地板上下方之區分所有權人共同
負擔。但修繕費係因可歸責於區分所有權人之事由所致者，由該區分
所有權人負擔。

四、民法第 184 條第 1 項：因故意或過失，不法侵害他人之權利者，負損
害賠償責任。侵權行為損害賠償的法律關係，請求如訴之聲明。

此　致　　桃園地方法院　公鑒

證物名稱及件數	▓▓▓▓▓▓▓▓▓▓▓▓▓▓騰本＊1 存證信函收據照片＊1 存證信函多次退回證明＊1 房屋漏水照片＊3 天花板發霉＊1

中　華　民　▓▓▓▓▓▓▓▓▓▓▓▓▓▓▓▓　日

具狀人　　　　　　　簽名蓋章

撰狀人　　　　　　　簽名蓋章

好了時間地點，當天便帶著兩盒水果前往里長家，準備好好解決這件事。

里長一見到我就先劈頭唸了我一頓並表示：「你這個年輕人做事情怎麼這麼衝動，遇到事情難道不能好好說，一定要告來告去才行嗎？」

我趕忙解釋說：「里長，您先別生氣，這盒水果送您，謝謝您協助我們兩個屋主的溝通協調，我這麼做真的是有原因的。」里長看到我帶了水果禮盒來賠罪，態度緩和了不少，只待我進來沒多久，老太太也緩步走進里長家的客廳。老太太整個人愁眉苦臉的，看到我跟里長坐在沙發上，只跟里長打招呼，卻連瞧都不瞧我一眼。

待大家坐定位後，我客氣地送上水果禮盒，並跟老太太道歉。老太太氣憤地說：「你這個年輕人，怎麼可以隨便亂告人，我這輩子沒有上過法院，也沒有告過任何人，你怎麼無緣無故地就對我提告，你這個年紀，我孫子都比你大，你到底為什麼要這樣亂告人？我一收到法院的通知書，整個人擔心到瘦了三公斤，晚上都睡不好覺，你有必要把人逼成這樣嗎？」

我聽完老太太的抱怨，心裡感到很抱歉，忙著解釋說：「老師，您誤會我了，我是因為您的房屋漏水，已經滲到我的房子，我用盡各種辦法也也找不到您，所以只好透過政府的力量來找尋您，我的原意真的不是要對您提告，只是想把您找出來而已，請您原諒我的魯莽。」此時，里長趕緊幫忙打圓場，接著說道：「老師，您就原諒這個年輕人吧，當初他也有來找我，問我您現在住在哪裡？希望可以找到您來解決房屋漏水的問題，因為我確實也不知道您目前住在哪裡，所以也幫不上什麼忙……，但阿廷當時確實有來找過我討論漏水的事情，由此可見他並非真的要對您提告的。」

此時，老太太終於把情緒緩下來，大家開始一起討論，如何解決房屋漏水的問題，我也趕忙去法院撤銷告訴，大家一起來把這個難題解決。最後，房子滲水的問題解決了，我甚至帶著老太太來參觀我重新裝潢好的房子，她也覺得非常好，甚至在我把3樓房子漏水的事情處理完畢後，自己也把4樓的房子交給我規劃，希望她的房子也可以像我的出租房一樣，裝潢得漂漂亮亮的，可以租個好價錢。

房子對我們華人而言不僅僅是一個居住空間而已，它可以是資產，可以是人們情感連結的所在，也可以是造成糾紛或讓人勾心鬥角的利器，這一切端看妳如何運用，如何看待。至於對我來說，它就是墊高我人生經歷與資產的好幫手，是我一輩子的好朋友！

讓我們一起在房地產投資的道路上加油吧……。

租賃。

26 歲打造 10 間套房，喜當包租公

話說需要房東出面解決的問題，第一多半是人（租客、鄰居）的部分，第二才是房子的部分。如何兼顧、面面俱到，確實需要極大的耐心、毅力與智慧！

其實很多人會以為當房東是一件「躺在家裡，鈔票自動從天上掉下來」的爽差事，而我自己一開始的想法也是這樣，覺得輕輕鬆鬆地就可以收租金，這是多棒的一件事啊！但是大家若認真回頭想想我上一篇分享的實例，相信應該就能恍然大悟，房東還真不是那麼容易幹的差事……。況且我才剛開始跟大家分享整理屋子的「趣」事而已，還沒聊到房子開始招租的部分；因為一旦真正招募到房客入住了，各式各樣的問題就會一一浮現出來！

話說需要房東出面解決的問題，第一多半是人（如租客或鄰居）的部分，第二才是房子的部分。有關租客部分，其實我們可在剛開始篩選房客時就徹底把關，如此一來便可省下許多困擾，但話雖如此，台灣的租賃專法中還是有明文規定，不能因為種族、工作、性別等因素來拒絕租賃，所以在招租房客的時候，確實需要注意一些眉角。再者就是房屋部分，因為我買下的多半是老舊的房子，自己再來裝潢整修，所以屋子肯定是狀況百出，而最常見的問題就是漏水。我曾在前面的故事中分享了有關屋子漏水的經驗，我在這邊跟各位再分享一個與水有關的事情：

某一天的晚上八點多，房客打電話來求救：「陳先生，為什麼洗澡洗到一半，沒水了？」我趕緊前往現場去查看到底出了什麼狀況？一看這才發現原來是打水馬達燒掉了……，待確定原因之後，我馬上打電話

給水電師傅，請水電師傅來幫我們換一個更強更有力的馬達，立馬解決這個問題，也讓房客感覺房東確實很靠譜，令人放心！

嚴格說來，當房東就是要有一顆非常強大的心臟，因為肯定會常常接到租客打來抱怨的電話，例如隔壁鄰居太吵、有人亂丟垃圾……，我甚至接過租客半夜來電求救，說他忘記帶鑰匙，請我去幫他開門！所以我往後都會在公共區域藏著備用鑰匙，就是要預防這種慘況發生，否則若一天到晚要我半夜幫他送鑰匙，那我豈不是天天一個頭兩個大。

第一次主持所有權人會議

在《公寓大廈條例》中明文規定，只要建築物符合以下規定，就可以成立管理委員會：

1. 載於同一張建築執照（屬同一宗基地）
2. 具有二戶以上的區分所有建築物，且建築物由專有部分和共用部分構成，並具有其建築基地。

但是一般說來，5層樓以下的公寓住戶多半沒有組成管理委員會，所以一旦遇上共同事務時，也比較不會有人願意出來處理與解決。於是乎我只能找里長出面，希望透過里長的號召與影響力來勸進各個所有權人（屋主）組成管理委員會並推選管理負責人，公共區域也可藉此由各住戶來共同維護，讓整個社區管理更好，住戶們也住的更舒適與安全。畢竟公寓型的房子，屋齡多半比較久，漏水或其他需要修繕的問題肯定常發生，所以，我更提議住戶們共同提撥一筆資金來當做管理經費，爾後若有公共問題需要處理，就可從公共基金來提撥支付。

我的建議獲得大家一致的認同，而且一提到公共需求時，5樓的屋主便率先提議，5樓的公共區域必須施做防水，這樣才可以保障梯間、

頂樓免於滲漏水，之後 4 樓的屋主也跟進提議，既然有屋主把房子出租，住戶們的流動會比較複雜，為了保障居住的安全，所以建議在 1 樓門口及屋頂加裝攝影機，之後又提到定期請清潔公司來打掃公共梯間，保持公共梯間的衛生……等，討論氣氛相當踴躍。有此可知，社區住戶確實有不少需求，若能透過一些方法來增加更多更好的加值服務，又何樂而不為呢？只不過常常大家都不願意去面對甚至花心思去規劃罷了。

透過這次的經驗，也讓我充分領悟到，只要做的是好事，提出的辦法是該社區的住戶們能力所及的，成功機率都不低。畢竟誰不希望能讓自己的居住環境變得更好？所以，這次的協調溝通經驗，也讓我對於自己設定的目標與方法更有信心，當起房東也越來越得心順手了。

修繕、估價。

花錢學經驗，
好物件不會自動送上門

當你確定某個物件的地點及周邊環境良好，就算是問題屋況你也可以試著自己解決，那麼在議價時，你自然有藉口殺到合理區間！這種情況若真的發生，那麼我要恭喜你，因為你買到的肯定就是 Apple 超值物件了！

在買房子的時候，我認為有兩個很關鍵的地方一定要注意：

1. 確定有無**重大瑕疵**
2. 觀察主建物是否有結構性的問題

首先是有無重大瑕疵，例如凶宅、海砂、輻射等無法後天來解決的問題，再來就是**結構受損**。畢竟結構受損的房子，很難用後天的方法來彌補。所以上述兩件關鍵是我在評估一間房子好壞時，一定要釐清的重點。

記得某次曾與合夥人在評估買進房子之前，大家討論了地段、環境、屋況、價格等狀況，了解到這間房子已經十幾年沒住人，屋內現況幾乎跟廢墟沒兩樣，加上價格低於市價的六折，也請了技師來評估此物件的狀況是否可以處理，仔細檢查房屋內的梁柱、天花板、鋼筋狀況後，全部確認才出價買進。然而就在施工拆除過程中，工班發現樓地板不太穩，檢查後這才發現，地下室的梁柱已經出現大裂痕，屋主雖然打了大大的 H 鋼來支撐建築物的結構體，但還是不穩……。這其實就是我們當時在評估屋況時，沒有到地下防空避難室檢查，導致忽略了地基的主結構狀

況，也因為這樣的瑕疵，導致這個案子無法依照原本計劃施工。在經過一番討論後改為一般的三房兩廳住家模式，施工材料則選用比較輕的建材，例如使用矽酸蓋板隔間，白磚隔間、材質盡量能輕則輕，最後裝潢成本花了 50 萬，幸好當初買下的價格確實便宜，施工完畢後賣出，還是有一點點的利潤回饋，算是有驚無險地完成了這椿交易！

從這個經驗中我們可以學習到，一間房子之所以便宜賣，肯定有原因。決定買下之前一定要觀察所有能看到的問題，例如建築結構、社區鄰居、重大瑕疵，屋況（漏水、壁癌）、屋主財務狀況等，只要確認是自己可以解決的狀況，購買時的經驗多了，便可用這些來當作談判、議價的籌碼，解決這類問題，那你就可以善用這些你解決問題的能力。有天當你找到一個物件地點沒問題、屋況問題你也可以自己解決、價格又有辦法殺到有利潤的區間，那麼恭喜你，因為你基本上應該買到的就是「Apple 物件」。

而反過來說，如果上述有些問題是你無力解決的，那麼基本上就算房價再便宜，我都不建議你買下這房，例如凶宅、海砂、輻射、主結構破損、旁邊有福地……等都是，因為銀行在核定房貸時，上述這些因素都是銀行不願意承貸的因素。因為銀行也會考量，未來若借款人還不出錢，抵押品被銀行拿去法拍市場時，可能也無法順利拍賣到好價格，如此一來，銀行借出的這筆錢就有變成呆帳的可能。

短短 3 小時內就簽約，市價 5 折買好屋

再舉一個例子跟大家分享，買房子快速地下好離手肯定是必須的！

前些時候買下了一間房子，主建物、主體結構都算 OK，地段位於某個商業區內，週邊的生活機能完善，唯一美中不足的是，房子旁邊有

一塊 300 坪的空地，目前供做停車場使用，再往前一點有個公園預定地，前景不明……。但因為這間房子已經十多年沒有住人，所以屋況蠻糟糕的，例如陽台有漏水，公共區域的部分，像是樓梯間的屋凸因太久沒人使用，導致水泥塊崩落、鋼筋也裸漏出來了。

我隨後又再去確認一下屋況，發現頂樓曾做過防水，所以主建物的天花板狀況還算好；但陽台雜草叢生，植物的根部在水泥表面生根，所以導致附屬建物的陽台部分出現漏水情況。

仲介私下向我透露屋主是一對夫妻已經離婚所以急售，也就是說，這個物件目前沒有底價，只要我出價，他便可去跟屋主談。也因為我已前後去看了這個物件好幾回，確定整體條件可行，於是我當下就以市價的 5 折出斡旋。最後幾經周旋，就在我多加了 10 萬元後，這個案子便成交了。

銀行已估價的房子，居然不能核貸

在買下這間低於市價 5 折的房子之前，我曾打了一通電話給自己認識的銀行專員詢問估價，並且傳了謄本給他，請他幫忙。銀行後來回覆我，初估此地段的房子，每建坪價格為 13 萬元。

後來，等我買下房子，再把這個案件送到同樣的銀行去申請貸款時，銀行竟回覆我：「因為房子樓下有宮廟，所以拒絕承做貸款！」收到銀行這樣的回覆，讓我當下真的傻眼了，心裡想的是：「我已經在買房之前給你估過價了，你告訴我銀行對於此間房的鑑價金額，現在已經成交了，你才跟我說無法貸款！」無名火頓時冒上來…。

其實，在買下這一間房子之前，我也知道樓下有宮廟，了解這樣的

因素會降低銀行的鑑定價格，但我心裡的盤算是銀行鑑價再打 9 折。但因為取得價格為市價 5 折夠便宜，所以我當下也就不以為意，但是現在居然收到銀行通知向我表示「鑑價部門不願意核貸」，這叫我如何是好？

其實我也明白，對於房市交易，銀行一直以來都是站在比較保守的立場，我也認知到這間房子若無法順利償還借貸金額，將來送進法拍市場，價格可能會再更低……，但無論如何，總不至於是銀行完全不核貸的情況。

但結果既是如此，我也只好認了，後來再多跑幾家銀行試試看，最後還是順利核貸下來了。

從這個經歷來看，我會建議大家在跟房仲出價買房子之前，先把物件送銀行做估價，的確是一個很重要的步驟，但銀行的初估並不代表最後真的會核貸這些金額給你。所以，為了避免同樣的情況發生，我建議大家可做一些方法來避免：

1. 要出價之前找兩家以上的銀行做估價
2. 找認識的代書，請代書協助作業
3. 查詢實價登錄的價格
4. 大樓華廈建議查詢「樂居」網的價格行情
5. 多打聽並熟記銀行眼中的瑕疵因素

議價。

狹路相逢勇者勝，下海當業務賣屋

不管租或買，房市價格取決於「供需」的對決，我們可用這個最基礎的供需經濟學理論，輔助我們評斷台灣的房地產市場！

記得幾年前有個朋友北上與我聯絡，當時聊到自己的買房經驗，當時我有一個物件是位在南部某個觀光夜市的公寓，已接近施工完畢，準備開始進行招租。

當下我就跟他分享：「如果想要當包租公，其實並不一定非要自己從頭到尾自己做，你也可以買下人家已經做好的收租型產品，只要確定是投報率高且收租穩定的收租型產品，這也算是一種省時間的好選擇。」

我順勢跟他介紹幾個自己的物件，也帶他去看了我現有的收租型產品的房子，其中有一間房子在桃園觀光夜市附近。這裡剛好也是他最喜歡的地段，加上房子位處邊間，每個房間都有對外窗，採光良好，租金效益肯定非常高……，我看出他確實蠻心動的，而且我這間房子才剛裝潢完畢，都還沒開始招租呢。

後來，看完這幾間房子後，他希望可以合理價格買下，我反問他：「多少錢是你認為的合理價格？」他回答我：「當初曾經投資過海外不動產，投資報酬率約有 8%，但因為種種因素，最後這些海外不動產的投資皆血本無歸，但即便如此，我還是想要買房子收租金，希望可有高過 8% 的租金報酬率。」

我回去之後就跟合夥人討論，原本這一間房子若想在市場上獲得 7%

租金投報率，售價大約 650 萬，但是因沒有透過仲介，所以此間房子的價格可以省去仲介的服務費用，幫忙談到用 550 萬賣給他當作長期收租用，而精算後，此物件的年收總租金投報率是 8.5%。

這個是我人生第一次自己親自賣房子，也因為這個經驗，讓我更了解買方購屋的思考角度與心態，真的是一個很難忘的經驗。

房市與景氣關聯密切，國內外均是如此

如果平常有在關注國際金融局勢與股市的人，大概都會知道經濟活動是一個環環相扣的過程，例如原油如果漲價，連帶的我們生活上許多的民生必需品就會跟著漲價，因為原油的價漲，導致許多的工業的成本增加，進而反映到物價上面，又例如油價、民生用電、塑膠等，各種因素環環相扣。

股票其實跟房地產的關聯性十分密切，一旦遇到股市大跌或大漲時，我們往往就會發現急需用錢的人會忽然增加不少，原因無非是投資失利，需要用更多的現金來彌補虧損，此時，急著變賣房子的屋主就會一下子突增，而想要買房子的人，通常也都比較有機會議到相對便宜的價錢。

其實房市與股市之間連動性很大，大家不妨回想一下，在 2018 年 10 月 11 日當天，台灣的加權指數大跌 660 點以上，這是台股有史以來最大的當日跌幅，在 2018 年 10 月 2 日～ 10 月 11 日，短短 7 個交易日就大跌了 1,200 點。而我在 11 月 13 日當天，一整天下來就接到四位仲介打電話給我，均表示手邊有好幾個「屋主急售」的物件要請我去看看。從這個實際的例子，我們便可以了解到，經濟其實是會相互影響的！

而房地產就是生活的一部分，全世界都是一樣的狀況，可以藉由其他國家的房地產制度，回頭看看台灣的房地產。

記得在 2015 年時，我來北京做交換學生，在北京住了快一年的時間，也因為我自己對於房地產的興趣，所以也盡可能地找機會去瞭解北京的房市。雖然我對於中國大陸的房地產市場了解並不深，但我也由衷感到中國大陸的房價確實比台灣更嚇人！

我曾經獨自一個人在中國大陸背包旅遊了十六個省份，最讓我印象深刻的是，我在山西省會太原市自助旅行時，居然可用新台幣 150 元住到四星級的飯店，真的是讓我非常非常地吃驚！反觀台灣的日租房子，價格實在太不親民了，當然這當中還牽涉到房地產法律的規範導致供需的問題，畢竟中國大陸的日租房沒有法律規定，所以很多居民都把自家的空房間丟到網路上來競爭，進而導致飯店的價格自然無法往上走！

這個例子告訴我們，不管租房或買房，房市價格取決於「供需」的對決，所以我們可以用這個最基礎的供需的經濟學理論，來輔助我們更了解台灣的房地產市場的變化！

Chapter 2

一定要懂的房地產基本觀念

正所謂「工欲善其事，必先利其器」，在下定決心做好某件事情前，一定要有萬全的準備，方才能夠降低失敗的風險！

投資更是如此，若沒有正確觀念便貿然行事，除了容易上當被騙，也有可能會在緊要關頭誤判局勢，導致自己損失慘重，甚至血本無歸。所以，投資雖有風險，但只要觀念正確，筆者相信大家都能找到屬於自己的好房！

效益。

租房好？還是買房好？

買房子跟租房子，帶給我們的實際效用是一樣的，都是一個居住的價值！就看大家目前的財務規劃是什麼？但不論規劃藍圖有多美好，下定決心是絕對重要的關鍵！
只要開始做，一切都不嫌遲……

　　不管租房還是買房，房地產最終的價值就是給人們一個安心居住的空間，很多朋友都會問我：「買房子跟租房子到底哪個比較好，該評估哪些因素呢？」而我往往會回答：「買房子跟租房子，帶給我們的實際效用是一樣的，都是一個居住的價值！」

　　那麼接下來，就讓我們一起來比較看看，買與租所能帶來的經濟價值，兩者之間究竟有多大的不同。

　　嚴格說來，房子帶給人們的效用，基本上有以下兩大面向：一是居住效益，二是投資效益

面向 1：居住效益

　　當決定買房子的時候，就可以把投資的面向也考慮進去，因為房地產有出租與未來房地產增值貶值的經濟效益。

　　如果你認為，你是有剛性的房地產需求者（例如結婚、家庭因素等），那麼就不需要太猶豫，趕緊踏上買房之路吧！

　　反過來說，如果你現在的狀況是租房、買房都可以，對於名下是否擁有一間房子並無這麼大的必要需求，那也可以再多看多比較。

面向 2：投資效益

在華人世界中，房地產常被認定為是一個保值的資產，在現代這個社會中持有現金者都認同每年會有 0 ～ 3% 的通膨貶值，對於持有現金者，他們會希望讓現金可以不被通膨吞噬，所以，房地產經常是現金持有者的資金停靠管道之一。

如果您手上有很多穩定且優質的投資機會，這些投資方案往往可以帶來更大的投資效益，那麼買房子不一定是適合你的選項。但是，如果您手邊沒有太多投資的選項，那麼買房子確實是一個既長久又穩定的理財考量。

房東買房 VS. 租客租房

說起**房東與租客，雙方差別只在頭期款**。因為總結來說，買屋是付「貸款利息」，租屋是付「租金」。以下我們就舉一個實際的例子來跟各位解釋一下：

假設 A 屋主用 300 萬元買了一間 25 坪的公寓，銀行貸款 8 成，頭期款大約 60 萬，銀行房貸約 240 萬元，平均估算下來每個月要負擔的利息為 12,000 元（本息攤還）[1]。而其實每個月 12,000 元的負擔，大約就是一個月的房租，但是這 12,000 元裡面包含了本金＋利息，待住了二十年，貸款還完了，這間房子就是你的了！

反之，如果今天這位 A 屋主，他選擇租房子住變成 A 租客，每個月交 12,000 元的租金給房東，一樣是租屋二十年，之後，他幫房東的房子繳完了貸款，自己卻依舊是無殼蝸牛一隻，試問，用這種方式來思考，租房子是不是變得比較不划算呢！再者，如果您有存到頭期款的狀

況下，其實買房會比你想像中的容易許多。至於評估條件，我再以另一個例子來跟大家說說—若以二十年房貸與 2% 的房貸利率做為條件來試算：

還息不還本速算：您目前承租的房子，可貸款的房貸金額（萬）*0.16%= 利息／月（不含本金）【算法：100 萬 *2%=2 萬／年 => 每月利息約 1,600 元】

本息攤還速算：您目前所租的房子，可貸款的房貸金額（萬）*0.5%= 房貸（萬）／月（含本金）【算法：2% 利率，每 100 萬 => 每月本息攤還約 5,000 元】

　　您有了第一筆頭期款＋較穩定的收入（可以穩定的繳付房貸），這樣就趕緊出手買房吧！

---

1. 本息攤還的房貸：20 年期還款，2% 利息，每貸款 100 萬，每個月本息攤還 5,000 元。

貸款。

善用理財型房貸，
租金下修還可賺價差

善用理財型房貸，房租從 3.2 萬元下降到 1.5 萬元，甚至還可賺到 150 萬元的價差。
心動嗎？那就趕快拿出存摺跟計算機來盤算盤算吧⋯⋯
只要開始做，一切都不嫌遲⋯⋯

「理財型房貸」是一個只繳息不還本的房貸優惠，並非每一間銀行都有這種房貸，需要多問問幾家。有一些銀行的理財型房貸，還是會要求貸款人每個月要繳還本金，所以要多問多比較。在筆者的現在時空下，星展銀行的星活利 / 透支型房貸，就是筆者常使用的理財型房貸。截至目前為止，筆者所知有推出這類型理財型房貸的銀行有（星展銀行、第一銀行、永豐銀行⋯⋯）。

我有一個好朋友，全家人在目前在板橋租屋，每個月房租 32,000 元，在上市公司上班薪水約 5 萬多，老婆的月薪 4 萬元，夫妻倆人的薪水共約 9 萬多塊錢，目前都沒有貸款，每天騎機車上下班，也存了一筆頭期款。他曾向我徵詢過買房子的事情，我照例跟他說：「買房跟租房，這當中只差在你有沒有頭期款？」

我接著跟他分析：「依照現在的房地產放款利率及普遍的房貸成數，以 8 成房貸、2% 利率來計算，如果你有 200 萬元的頭期款，大概可以買到 1,000 萬元的房子。」聽到這樣的數字，他感到非常驚訝。而其實，這當中是有一些訣竅的⋯⋯

對於小資族來說，善用「理財型房貸」是一個進可攻退可守的策略，如果你的資金夠充裕，即可多還一點本金，少繳一點利息；反之，如果臨時有急用，又可輕鬆動用這筆資金來應急，兩相比較之下，不僅房租（利息）大幅降低，還可以擁有房子的所有權，何樂而不為？畢竟目前居住的房子是租的，每個月繳給房東 35,000 元的租金，住了十年，房子依舊還是別人的。但進一步地說，如果跟銀行打交道，使用理財型房貸來買屋，那麼就好像是跟銀行租房子一樣，每個月僅需繳交本金跟利息給銀行就好，幾年後還可以獲得房子的所有權，雙方高下立判！

之後，朋友善用我教他的技巧，終於找到位在板橋的一間房子，屋主因為需要賣屋換現金來應急，所以，市價 1,200 萬元的房子，我們最後成功殺到 1,050 萬元成交！而住進新家的兩年後，他們的第二個小寶寶出生了，他們把房子賣了，想再換一間更大的，這間房子最後以前屋

物件	總價	自備款	正常貸款 80%	理財型房貸（透支型房貸） 月繳利息 2%
板橋 捷運站附近	1,200 萬元 （中古華廈）	240 萬元	960 萬元	1.6 萬元
中和 捷運站附近	1,000 萬元 （中古大樓）	200 萬元	800 萬元	1.3 萬元
新莊 捷運站附近	1,000 萬元 （中古大樓）	200 萬元	800 萬元	1.3 萬元
桃園火車站	700 萬元 （中古大樓）	140 萬元	560 萬元	1 萬元

主當初希望的 1,200 萬元賣出，朋友賺到了 150 萬元的價差，下一間房子的頭期款就有啦！

善用社會紅利，爭取買房優勢

首先，容我再次提醒大家，**房子是唯一可分期三十年的產品，且超低利率，建議讀者可以善用低利房貸來增加資產。**

在現代的社會中，各國政府都在瘋狂的印製鈔票，導致持有現金者每年都會有 0 ～ 3% 的通膨貶值，但反觀銀行的房貸利息，通常約莫在 1 ～ 2% 之間。

在目前如此低利率的房貸制度下，對於一般的平民百姓來說，妥善運用社會提供的紅利，才是正確的理財策略。在這個社會紅利下，如果有看到既好又便宜的房地產標的，筆者建議大家要勇敢地跟銀行借錢，因為借越多低利率的錢（房貸），那你運用到的社會紅利就越多！

所以，懂得這個概念的人，有看到分期 0 利率的優惠條件時，千萬別錯過善用貸款，讓自己的資金可以更有效的運用唷！**任何貸款的前提，都是您發現好的投資標的並妥善運用，才能讓你的財富越來越大。**

財力證明文件

一般說來，銀行在審核每個人的貸款能力時，往往會透過資產負債表來評估你的財力，他們通常會把以下幾種因素視為個人的重要資產：

（1）存款
（2）房地產
（3）股票
（4）基金、保險等

　　而在這些資產裡面，銀行最看重的通常是現金與房地產，原因在於房地產價值和租金收入常會與通貨膨脹並行，所以資金得以有效保值。再者，通常有能力買房子的人，通常也肯定具有一定程度的財力！

　　學生時，我就開始努力地想跟銀行「發生關係」！

　　但現實總是殘酷的，就好比我想要辦一張信用卡，但是因為身份只是一名窮學生，結果自然是難上加難。而在辛苦打工並且使用了好幾年的簽帳卡之後，銀行終於審核通過，給了我一張「學生額度」的信用卡！還記得當時的我拿到這人生第一張信用卡時，高興得不得了，每個月還會非常準時地繳清款項，藉以累積信用，踏實地為自己未來的信用額度鋪路！待畢業後進入職場工作，當時還是菜鳥一隻的我手邊也沒什麼存款，憑藉的無非就是每個月的薪水，銀行審核窗口甚至還打電話到當時任職的公司去詢問我的相關資料，層層把關後方才核發信用卡！

　　這樣的窘境直到自己名下有房子之後，一切就不一樣了……，再辦信用卡時，附上房地產權狀、財力證明等文件，銀行根本沒有打過任何電話去照會什麼單位或窗口，直接就核發信用卡給我！所以由此可知，對於銀行而言，持有房地產對於證明個人財力有著多大的加分作用！

房市好旺角

信用卡申請資料（參考兆豐銀行）

1. 正卡申請人之身分證正反面影本

2. 財力證明文件（至少需提供一項）：扣繳憑單、薪資單、薪資入帳證明、勞保單或房屋＆地價稅單、定存單、近期薪資入帳存摺或活期存款之內頁及封面（需戶名及帳號）、不動產權狀等。

訊號。

看懂房價指標，景氣好壞你先知

　　說起現今的房市走勢，專家們各有各的觀點，但就是無人敢保證未來的房價到底是上漲或下跌？但即便如此，筆者仍列出幾個觀察的面向給各位參考，希望有助於大家在房市資訊爆炸的現今，找到一個屬於自己的論點！

1. 供給 vs. 需求

　　大家多少都有讀過經濟學，在經濟學的課本中，在理性的市場中，產品的價格就是由供需來決定，如果供不應求的地段，價格就會被往上

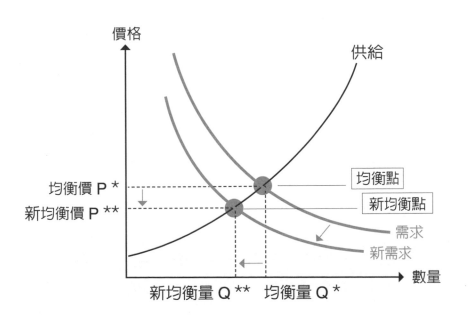

追價；反之亦然。需求越強，接手買房的力道強，房價支撐力道就越強。

2. 自有籌碼

在股票市場中，每天股市開盤時，都會有多空這兩個主力在決定一支股票漲跌。那最終能決定股價的人，通常就是籌碼最多的人！

反觀房市也一樣，根據資料統計，在台灣房地產市場的自有率約占8成，而當房地產價格要有恐慌性的崩跌的話，那需要有人大量且不計價的拋售，目前在台灣市場中，房地產的持有者約8成，如果沒有遇到非常重大的系統性風險的話，基本上不太會有恐慌性賣壓出現，所以房地產價格會有一定的支撐！

3. 銀行

房地產的建造成本需要靠大量的資金來推砌，在構成房地產市場的各個環節中，銀行肯定扮演了相當關鍵的角色。建商靠銀行的貸款來購買土地，在建造的過程中也靠著銀行的融資來完成建案的建造；等到交屋時，改換消費者透過銀行房貸來預先支付購屋價金……，整個產業是連在一起的。

試想，如果今天房價崩盤到某個程度，銀行的呆帳問題，恐會成為一場極為嚴重的金融危機，所以，政府沒有本錢讓房價輕易崩盤，否則，必須付出的社會成本肯定相當龐大。

4. 土地

房地產價格上漲，土地價格因素占 50 ～ 70%，若想要買到「增值、抗跌」的房子，最好的辦法就是看「地段」，當土地稀有的地方，房價

就會被推升，就像是台北市的居住需求基本上是需求大於供給，建商也找不到地可以蓋房子，導致台北市的房價被不斷的推升。換言之，都市土地資源極度短缺，都市的居住需求通常就會開始失去平衡。

當一個地區的土地釋出量大，房屋的供給大於需求時，房價就容易會有反壓的力道，如果此地房價的每坪建價又大於地價時，那就要小心房市泡沫開始湧現了！

5. 社會資源

在民國五○年代，當時台北、台中、高雄的房價都是一樣的水準，但是為什麼從民國六十幾年開始，台北的房價開始一枝獨秀？其實說穿了，這就是我們全體納稅人拱出來的結果—因為**政府投入大量的預算來建設、發展大台北地區，讓首都台北的生活變得更加便利！**

我們可以由此借鏡，**未來哪個地區有幸獲得中央投入資源建設，那麼該區的房價比較能得到強力的支撐**，例如近期動工的桃園綠線，便是透過桃園市政府不斷地與中央政府要預算而來，這不就是中央政府運用全體國民的納稅錢來發展桃園，讓桃園的房價獲得推升的力道的原因！

例如大桃園地區在 2018 的房市，成交量最熱絡的地方是中壢區，第二名才是桃園區，原因就是中壢的機場捷運線已經完工，如果是個行內人，自然會挑選中壢的房子來做投資！

最後，你知道了中央資源的力量後，您準備開始找尋屬於自己的增值屋了嗎？

6. 都更

都更、危老改建的盛行與否，大大左右了房市的走向！我在這邊要

先跟大家分享這個觀點：您若想評估某個區域的土地稀缺與否，不妨看看您要投入買房的地方是否有很多建商在談都更、居民規劃危老重建，這些狀況即代表著這個地區的土地是非常稀缺的！

建商是將本求利的，他們協調屋主做都更的最終的目的無非就是賺錢營利，在台灣現行法規裡，想要順利完成都市更新真的很不容易，但即便如此，建商若還是願意在某些區域努力地推動都更，這即代表了這個地段的土地非常稀有。您不妨觀察一下，自己中意的地區是否有很多建商在積極推動都更，如果是的話，此地區未來出現的物件應該都極具保值性喔！

我曾與幾位建築師討論過，依照現在政府在推動的違老重建的政策，如果以台北市為例，土地使用分區為「住三」1，那重建後的新房每坪市價高於 65 萬，較容易不出錢換回舊房子的坪數。

此時你可能會疑問台北這麼多房子房價高於 65 萬，為什麼還是無法改建成功？因為很多屋主要的不僅僅不出錢換房子，還要拿回蓋好的新房子一定比例，所以常常會跟建商喬不攏，導致改建的情況難以推動。

總之，此地區推動違老重建的人數多寡，就是您評估當地居民對於此地的房地產未來是否看好的指標之一，畢竟支撐房地產最重要的因素就是自住的消費者囉！

---

1. 「住三」即「第三種住宅區」，建蔽率 45％、容積率 225％，第三種住宅區定義為維護中等之實質居住環境水準，供設置各式住宅及一般零售業等使用，維持稍高之人口密度與建築密度，並防止工業與較具規模之商業等使用而劃定之住宅區。

7. 利率

銀行利率是房地產價格漲跌很重要的因素之一，當利率處在低檔時，房價就有推升的空間；相反的，利率一旦攀升，就會抑制房價的上漲。

曾有房市名人說過：「低利率的對房價是補藥，對高房價是止痛藥！」在民國 73、74 年的時候，當時的銀行利率是十幾趴，房子出租的收益率約 7 ～ 8%，所以一般人不太會願意透過買賣房地產來投資；反觀民國 76、77 年以後，經濟大幅成長，房地產收益率提高，銀行房貸利率降低至 7 ～ 8%，導致許多資金流向房地產，開始節節推高房地產價格。

直到現在，進入房貸利率約 1.5 ～ 2%、貸款成數 7 ～ 8 成的時代，這些因素都讓房價有了支撐的力道，因為持有房屋的成本變低，消費者沒有賣出的壓力，所以房價在低利率時代往往會有一定的支撐力道。

8. 土地、房屋移轉 VS. 城市人口正負成長

2015 年交易量 25.9 萬棟，2016 年交易量 24.5 萬棟（1991 年以來最低），2017 年止跌回升到 2018 年 27.7 萬棟，房市確實有緩跌的跡象……。

從目前的房市觀察，只要有賣方願意降價，其實有許多的剛性買盤會進場，所以成交量建構在剛性需求上，在未來應該是走緩跌盤整的趨勢。

此外，在評估這個城市未來房地產的漲跌時，**有一個重要的評估面向就是城市人口淨移入的增漲，當一個城市的淨移入人口增加，代表人**

們在此城市有長期穩定的工作機會，大家開始把戶口遷移到此城市，長期的定居也讓這個城市生活機能（食衣住行育樂）逐漸地進步成長，也讓該區房價有了自住的基本盤做支撐！

在目前六都中，人口淨成長的城市有：桃園、台中，如果您也是在這兩個城市生活的朋友們，也可以多留意身邊房地產市場的情況唷！

台灣如是，國外亦然。例如 1990 年的日本，房價開始走下坡，但是在東京都這一類人口密度高的城市，房價卻一直往上漲。由此可知，房價跟人口真的有很大的關連性。

9. 黃金地段 & 使用收益

市場的資金會往獲利高的地方流動，但若市場景氣不好，房地產沒有高使用收益，那麼房地產的價值就會跌落，房價自然也會跟著修正。某個地區的房地產使用收益的投報率若偏低，那房價往往很容易跌落，**所以要挑生活機能、環境、交通、工作機會多的地段，因為在這種地段的居住需求是非常龐大的，所以會讓房價有很強的支撐。**

再者，會讓房地產價格上漲的關鍵之一，就是**土地的價值，因為土地是一個稀缺性的產品，通常只會越來越少，所以好地段的房子在景氣不好時，因為接手力道很強，回檔幅度往往有限；當市場景氣大好時，好地段的房價一定是率先帶頭向上的指標。**所以平常有空的時候可多看房，當房地產市場有利空消息出現時，您便可大膽進場購買精華地段的房子，因為保值性肯定非常強！

10. 建商倒閉

當建商經營不善，新建案滯銷，公司資金周轉不靈時，房地產通常

就是一個見底的訊號，還記得在 2018 年底時，我曾在新北市泰山區的某一場法拍市場上，親眼目睹某個建商一口氣拋出 12 間新成屋來拍賣，原因就是建商推出的建案滯銷，營運無以為繼，導致房子送到法拍市場拍賣時，一開始還無人願意競拍，非得等到 2 拍、3 拍時，方才開始有人願意進場搶便宜！

　　其實買房需求永遠都在，端視價格是否真能讓消費者願意進場，這才是真正築底的訊號。

　　至於若改由投資客撐起整個市場時，這又是另一種光景了！因為這代表泡沫即將到來，一旦投資客投入的資金無力支撐時，通常就會出現恐慌性拋售變現的窘況。但大家別因此就害怕，因為這樣的狀況也有助於房地產的籌碼釋放，加速築底，房市春燕想來也不遠了。

　　建議大家在看房子時，多多觀察賣方提供的相關文件，例如房屋謄本的「他項權利」—當這間房子的「持有」時間少於 5 年、銀行抵押設定趨近於房價，其實有很大的機會是投資客的物件。畢竟就我個人的經驗，某區房市裡若有很多物件在拋售，尤其以投資客的物件居多，那麼這也意味著該區房市真的快撐不下去了。

11. 拍賣市場量體增加

　　當房地產市場中的投資客，開始無法負荷房貸壓力以及出售變現不易時，房子的下一個階段就會進入法拍市場，所以在觀察房市循環景氣時，觀察法拍屋的量也是重要指標之一。但是光看法拍屋的量增，還不足以證明房地產已經開始落底，這還要搭配看銀拍屋的量！

　　所以，我們在買房子的時候，我們一定都會參考銀行的估價，因

為在現今時空下，銀行對不動產估價是偏向保守的，所以跟著銀行走，方向就不會差得太遠！如果我們在買一間房子之前，都會先問銀行的估價，如果我們買的價格是低於銀行的估價內，基本上代表我們買的相對便宜。

透過銀行的估價，我們可以在一般的房屋仲介買賣市場來評斷房屋的價值，也可以透過銀行來當作一個評斷的指標！當我們一般的法拍屋，在拍賣市場已經低於市場行情非常多的時候，銀行會跳出來承接法拍屋，在銀行標得房屋的產權以及使用權後，就會推出銀拍屋來供大眾搶標購買！

所以當我們發現**銀拍屋的量增加的時候，其實也就是房地產落底的訊號出現**，因為連這麼保守的銀行，都願意進場去承接房地產，代表房地產已經離底部不遠矣！

12. 量數供給

在經濟學的理論中，產品的供給量與需求量，正是導致價格變動關鍵因素，儘管每一間房子都具有獨一無二的特性，但在同一個建案中有大量的戶數的話，對於未來穩定房價，也將是一個不利的因素，正所謂「量多價必論亂」，這句話不僅僅適用在股票市場，也一樣可用在房市！

所以，在挑選社區型的建案時，建議可以挑選戶數適中的社區，這對於該社區未來房價，比較會有支撐的力道。

政府調節房價的政策

	方式	效果
利多政策	調降利率	讓資金轉換到房地產市場
	土地增值稅減半	刺激房地產市場的交易
	優惠房貸（首購、青年房貸）	降低房貸壓力，增加購買意願。
	調降贈與稅	吸引海外資金回流，有利房市發展。
	一生一屋	降低民眾換屋的稅金負擔，提高房地產的交易。
利空政策	利率調升	增加房貸壓力
	降低房貸成數	增加購屋的自備款，降低囤房的機率。
	增加稅負（奢侈稅、房地合一稅）	增加資本利得的課稅，阻止投機的炒作市場。

價值。

都是獨一無二，房地產的財貨特性

每一塊土地都是獨一無二的，那麼房子自然也是獨一無二的產品，因為房子就是土地華麗轉身而成！因為每一塊土地的區位、地段、景觀都是不一樣的，儘管是緊鄰在旁邊的土地，也會因為視角因素產生差異。

在商業市場中，透過工業化製作出來的產品，同質性往往非常高，就好比不管在高雄或是台北的 7-11，我們在超市買到的產品，品質基本上都是一樣的。但在房地產的世界中，每一間房子卻不一樣了，它們每個都擁有獨一無二的特性，透過中華民國政府的建築法規的規定，以及土地的使用分區的規範，每一塊土地可以被建築師規畫設計出各式各樣的房子供人們居住、使用，儘管是位處同一個社區裡的房子，同質性應該算高了，但是也因為樓層、座向、格局、鄰居上的差異，而產生不一樣的價格。

策略 1：現金流＋資本利得模式

簡單地說，房子如何創造獲利？首先是穩定現金流，再來則是合理的資本利得。

我曾在前面的故事中分享了自己從不懂房地產交易直到慢慢看了上百間房之後，透過與朋友合資，共同買下人生第一間房，並且獲利出售的經驗，在這段時間，體悟到其實透過房地產獲利的模式，主要分為以下兩種。

1. 資本利得價差的模式：對於資本利得的模式中，就是在探討如何

透過一買一賣的過程，來賺取之間的價差，那我們就必須知道以下步驟來取得：一、如何評估買入低於市價的物件；二、幫房地產加值；三、出售。

2. 穩定收租的現金流模式：房地產最讓人稱羨的就是，賣掉房子不僅有增值的效應，更可在持有的過程中可透過出租來取得租金收益，而這種租金收益是既穩定且容易掌握的被動收入。

我有一位朋友 A 先生，他在自己的工作累積到一些資金後，他想要透過房地產來置產理財，所以希望我能給他一些建議。

我建議他，一般房地產主要的幾個收益模式，其一是賺價差，其二便是收租金。對於他目前手上這筆閒置資金來說，透過購入屋況差且低於市價的便宜物件，重新裝潢整理變成好居住的好屋，再用一般的市價來供給市場。更重要的是，這個模式是有助於解決社會上的老舊的閒置空屋，因為市面上有很多閒置的老舊房屋，座落地點其實都很好，但是由於屋況欠缺，無人整理維修，所以導致這些房子失去居住功能。這時若能運用手上這筆資金，買下這些位於黃金地段的老舊房舍，著手修繕讓它恢復居住的功能，不論是自住或租人，確實都是蠻不錯的方法。

而友人也因為跟我密集討論後，開始密集找屋，在看了大約 1 個多月後，他終於看上了一間位在三重捷運站附近的 27 坪 4 樓公寓，這間公寓因為屋況老舊，導致賣了一年多還是乏人問津，後來他以 820 萬元成交，順利買下自己人生中的第一間房，並在花了約 70 萬元重新裝潢整理後租人使用；兩年多後，他決定賣出，在市場上只掛了 2 個月就以 1,020 萬元出售，整個投資獲利八十幾萬。

策略 2：增值屋資本利得的獲利模式

首先要說明的是，不管投資或自住，大家都要把買與賣一併考慮進來。曾有朋友問我：「房地產的價差模式是什麼樣的概念？」其實，房地產的價差模式就是跟一般做生意一樣，就如同餐廳買進一把青菜，透過餐廳廚師的巧手，把青菜做成一道美味可口的佳餚，而這把青菜被餐廳購入時的成本是一把 5 元，最後變成一盤價值 99 元的美味佳餚，這個就是所謂的價差模式，這跟一般做生意的營利模式是一模一樣的，當然，餐廳的利潤就是透過是否可以買到便宜又新鮮的青菜來增加獲利空間，如果餐廳買進的青菜成本都比外面的競爭者還高，那麼在與一般的競爭者售價差不多的情況下，利潤肯定就會變薄了。

在房地產的市場中，要獲得資本利得的利潤就是要一定要有買賣的過程，買高賣低（賠售）肯定就是虧錢，買低賣高則反之。

就如同餐廳的老闆一樣，如何可以買到便宜又新鮮的青菜（房子），透過你的廚藝（裝潢技術），讓這把青菜（房子）變成市場上可以快速賣到好價格的美味佳餚。

最後我們要思考的是，如何在這一買一賣的交易過程中，精確地買入便宜的房子，以及在預備賣出時，成功搜尋到最適合的買家？例如對方是小家庭成員、單身貴族、收租置產等……，以及這個族群可以接受的價格區間落在哪裡？

這部份思考重點，例如下一手買方的價位、地段、環境、風水、學區、屋齡等內容，我會陸續跟大家分享。

價格。

價格被低估的房子，
永遠不虞匱乏……

基本上具備增值空間的好房子，約可分為「具備長期持有的增值性」，以及「價格被低估」這兩大類。如果可以買到「具備長期持有的增值性」+「價格被低估」那一切就更完美了！

不管身處哪一個時代，都會有人急需用錢，不管是遺產分配、離婚、經商周轉、出國讀書……，各式各樣的變現需求，都是你用便宜價格進場的時機。若能遇到急售的房屋，就要看你有沒有足夠的判斷力，在第一時間做下購買的決策。有時候，因為屋主若是急售，這種便宜的 Apple 物件議價空間就會變得很大，此時一定要好好抓緊機會入場。

基本上具備增值空間的好房子，約可分為兩大類，**一是具備長期持有的未來增值性，另一種則是買到價格被低估的房子**。具備長期持有的未來增值性，主要是透過房子周圍的環境給予這塊土地的增值，例如周邊有公園綠地、捷運站通車、增設體育中心……等。而被低估的房子則多半都會附帶一些需要被解決的問題，例如：屋況差、漏水、壁癌、屋主急售換現金、共同持有人爭分家產等，這些棘手的問題也是導致原屋主願意降價求售的原因，而這也是利潤的來源之一。

朋友曾問我：「每天看到新聞報導在討論高房價，你怎麼都能找到便宜的好房子呢？」

其實，我曾在 2019 年觀察到，當年的台灣股市幾乎有一整年的時間都在萬點之上，但雖然股市都在高點，但依舊有許多被低估的上市櫃

公司股票，股價始終不見起色……。同理可證，在房地產市場中也常會有被低估甚至錯殺的好物件，如何發現它們其實是被錯估價值了，就是很重要的致勝關鍵！

透過房仲業務，代尋增值好屋

再者，如何找到這種房子，透過仲介介紹就是一個很重要的通路！很多房仲業務一接到 Apple 物件，大家覺得他們第一時間會通知誰？這個就是非常關鍵的點，試想，您若是房仲業務，一拿到這種 Apple 物件，你會想要帶誰去看？

我相信大家肯定都會說：「**如果我是房仲業務，有錢就自己買下，再不然就是找尋可以馬上下決定買房的客戶來評估！**」

事實上這一點也沒錯，因為每位房仲業務手上肯定都會有一份屬於自己的 A 咖級客戶名單，這群專業的買房投資客戶，就是專門在收購被低估的房子，決定下手買房的速度通常是非常快的，所以**房仲業務們習慣會把這種 Apple 物件 Pass 給這個特定族群，雙方互蒙其利。**

但我相信大家一定覺得很奇怪，那些**專門買房的投資客，下手速度為何可以這麼快？其實原因就是他們對於評估房子已然非常熟練**，所以只要取得物件的屋況、地點、價格等基本資訊，往往在尚未看到實體屋況時，買家就已經先出價卡位了！換句話說，如果想要讓房仲業務願意把這種燙金好物件介紹給你，那你從現在起就要開始培養自己的房仲人脈，以及判斷房子好壞的眼力了！

不斷重複這些動作，每天請房仲朋友幫助你找尋便宜好屋，平均一個房仲朋友，每年應該都會遇到幾件 Apple 物件，那你若認識 200 個房

仲朋友，那麼你一年下來不就會有 200 個 Apple 物件可以評估了！

1. 屋主急售

　　想在房地產中買到便宜的房子，只要碰到以下這四種情況時，一定要大大注意，因為他們正屬於比較有議價空間的屋主。

狀況	原因／理由
離婚的人	家庭因素讓屋主想盡早把房子賣掉換成現金，早點解決婚姻問題，在考量時間的因素下多半會要選擇盡快結案，所以只要出價，屋主通常都會考慮。
久居國外	回來只為處理財產，這種人對於在台灣留房產可能沒多大益處，且回來的時間通常也不會太長，加上對於當地行情也不太了解，因此議價空間也大。
屋主缺現金	因為還不出銀行貸款、欠親朋好友錢或是家裡發生狀況，屋主出現急需用錢的情況，所以這時若有人出價，屋主多半都會考慮是否直接變現，議價空間也會變大。
處理遺產	該物件若由多位子女共同繼承，每個人的經濟狀況不同，無法預測的情況就會變多，假設原本繼承的是 5 個子女，若之後有人先過世了，之後再傳給自己的 3 個兒女，這樣一來，繼承該物件的人會變得越來越多，所以這時多數繼承人會選擇早點變現，減少困擾，特別是兄弟姊妹多的物件，談價的讓利空間通常會更大。

2. 待解決問題的房屋

　　這種問題房屋多半可以分為兩種：一種是可解決的問題屋（價格便宜），另種則是無法解決的問題屋（地雷屋），現在我們先來分析可以透過後天來改善的問題屋：

3. 可解決的問題屋（價格便宜）

（1）壁癌：因台灣氣候濕熱，高溫多濕的環境中會讓混凝土、磚塊等材質中的可溶解成份隨水溶解，在水份蒸發之後，析出白色的鹽類附著物質建築物水泥牆面常出現白粉毛狀、破裂、剝落情況的所謂「壁癌」。

海砂屋是指建築物的混泥土中含的氯籬子含量過高，導致主結構的鋼筋，被腐蝕，導致房子會有結構上的問題，若此時的壁癌為海砂屋所導致，那就不是我們後天能解決的！通常海砂屋一定會有壁癌，但壁癌不一定為是海砂屋，海砂屋需透過檢測才能確認，仲介通常都只會表示屋主確認不是海砂屋，但這都不能確認是否為海砂屋，必需透過檢測才能確認。

（2）屋況欠佳但可改善：例如漏水、格局不好、裝潢老舊、油漆剝落等。

（3）嫌惡設施：看到鄰避設施也不是都不能買，只是要分等級，看哪一種設施最嚴重。

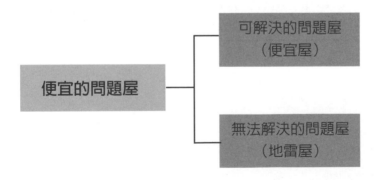

項目	反感原因
殯儀館、公墓	喪葬儀式影響安寧、風水顧慮
加油站、瓦斯儲氣槽	災禍發生時恐引起連鎖損害
高壓電塔、變電箱	電磁波危害健康
垃圾場、焚化爐、資源回收場	垃圾車出入頻繁，衛生條件受影響
機場	起降噪音、飛安疑慮
神壇、廟宇	焚燒紙錢影響衛生、儀式擾民
高架橋、鐵道	噪音問題
特殊行業	出入複雜、治安疑慮
夜市	吵雜、髒亂
大型醫院、急診室	救護車進出噪音、風水顧慮

4. 無法解決的問題屋（地雷屋）

至於無法解決的問題屋（地雷屋），若為我們無法透過修繕就能改善問題，或需要付出太大的時間與或金錢才能改善的問題，我們盡量能不碰就不碰，否則賠了夫人又折兵。筆者提供以下幾種狀況供大家參考，也可作為日後評估買屋條件時的依據：

（1）凶宅：在台灣的法規中，出售物件是凶宅，都要求賣方事前必須告知，如果賣方事前不告知，按現行法規的規範下 不動產買賣定型化契約以消費者的認知為認知，在法院審理時，消費者主張賣方並未事先告知買賣標的物是凶宅，而賣方無法提出已告知買方的證據，通常會判決買賣無效解除契約，賣方須將已收款項全數退還。

（2）海砂、輻射屋

（3）結構受損：主結構梁柱破損或裂（打 H 鋼、樓地板晃動）

法拍屋—便宜好屋來源

除了透過房仲朋友以外，還有另外一個取得便宜好屋的優良管道就是法拍屋，但是法拍屋又分為點交跟不點交，依照現在法拍屋資訊的透明程度，點交的房子基本上已跟市價差不多，在目前比較能夠買到便宜好房的機會，其實是在不點交市場，但不點交的房子，卻往往也會伴隨著一些風險，需要有更強而有力的法律技能與談判技能才能處理的好！

簡單說，法拍屋就是屋主欠債不還、未履行抵押債權、欠稅未繳、共有人談不攏……等，因此房子被銀行拿來拍賣的物件。簡而言之，法拍屋是指債權人依照強制執行法，聲請法院拍賣抵押的不動產。當債務人過了當初設定的時間，債權人就可以依照強制執行法做處理。說得更直白一些，就是屋主欠錢沒還，別人把他的房子跟法院申請拍賣，藉此換取金錢償還債權。

法拍屋通常經過法院的鑑價後，透過法院來公告拍賣，第一拍約為市價，若第一次拍賣流標的話，會在進行第二拍，第二拍的價格會依照第一拍的底價打 8 折（市價的 8 折），若第二次拍賣流標的話，會進入第三拍，第三拍的房子會再打 8 折（約為市價的 6.4 折），此時就有機會拿到便宜的房子囉！如果第三拍還繼續流標的話，會進入應買公告以及第四拍，因此有時候還可以買到市價 5 折的房子。

購買法拍屋最大的優點就是價格比市場的房屋便宜，而且投標過程公開、透明，想用多少錢去競標，價高者得，只要自己評估好價格，就容易買到便宜的好屋，完全不用透過仲介或投資客喊價。但反過來說，

風險也是不小，提醒大家務必要看清楚司法院公告的物件說明，因為裡面常常暗藏不少陷阱。另外在投標時，就要準備底價 20% 以上的現金或現金支票，一起投入標箱內，得標後 7 天到 15 天內要繳完另外 80% 的尾款。

此外因為法拍屋不像跟仲介買房子一樣，可以進到屋內做房屋的確認，在買房之前，試著問問街坊鄰居房屋狀況，甚至跟鄰居打好關係進入鄰居家看看屋內格局、屋況、結構等屋況，以免拍到棘手的物件。

點交 VS. 不點交，結果差很大

在法拍屋市場中，一般又可分為點交及不點交兩大模式，**「點交」的意思就是，當你透過法院標得房屋時，法院會協助您做房屋的交付。**那反過來說，「不點交」的意思就是，法院不會幫你做房屋的交付流程，這樣一來，**不點交的房子便有可能無法順利取得使用權，因為有些債務**人或惡意占用的人會透過一些法律上的租賃權來占用，那你需要透過一些法律的途徑或談判的技巧，來排除不點交，轉為有使用權的點交物件。

	優點	缺點
點交	法院交付使用權	價格並不便宜
不點交	價格便宜	1. 透過談判、打官司來拿回使用權 2. 銀行不做貸款

現在的法拍屋資訊越來越透明，很多人都會來法拍市場掏金，所以基本上地點好、價格合理的點交物件，都會有很多人來參與競標，那來

參與競標的人有自住客以及投資客，通常自住客的願付價格都會比投資客高，所以投資客常常在法拍點交的物件中落標！

但是，不點交的物件，產權、使用權相對複雜，所以一般人不太願意去買不點交的物件，所以通常法院那邊會不斷地流標，這也代表該物件的拍賣價格會越來越便宜，所以若可透過成功的溝通協調解決產權、使用權的糾紛，那麼利潤自然就會浮現了。

增值。

打造你的 18%，
以舊換新的「滾房賺錢法」

正所謂「此一時彼一時」，不同的時空環境背景以及個人所能負擔的經濟條件都不一樣，即使是同樣的物件，在若干年後依舊會有不一樣的命運……而這就是評估一個物件好壞的關鍵所在，只要懂得把握這個關鍵，賺錢絕非難事！

身邊有個朋友小 Q，他父母在 20 年前用市價 800 萬買下桃園一棟透天店面，並且長期在此處做生意，如今房價已經上漲到 2,500 萬，小 Q 問我：「想先把房子賣掉，再去買下附近的新房子，但看過附近可以買到的房子，感覺也都是差不多一樣的類型？這樣增值空間，換到的房子價格還是跟現在的市價一樣，這樣沒有賺到增值的效應阿！即便賣掉舊房子，也無法買到合心意的新屋啊！」

聽完他的問題，我說：「你的想法其實已落入一個迴圈當中，你仔細想想，當初 20 年前，你的父母用 800 萬買下這棟房子，他們其實可能並非用 800 萬現金買的，或許只用了 300 萬的自備款而已。假設你父母親到現今都尚未跟銀行結清這 800 萬貸款，那麼光這棟房子的增值現金已有 1,700 萬之多，你可以用更多方法換到更好的房子，或藉此創造更多的現金流！」而我給了他以下三種建議：

1. 以舊換新，部份貸款

把房子用 2500 萬賣掉，拿著房子增值的現金 1,700 萬當做頭期款，去買周邊附近的房子，那這筆現金可以買到市價 5,000 萬（貸款 7 成）

以上的房子，用小 Q 父母在 20 年前的買房策略（只付頭款＋繳利息），這樣這間房子，不就從當初的老透天，換到市價 5,000 萬的新房子了！

2. 舊屋增貸，再買房來租人

請小 Q 父母去銀行辦理理財型房貸，把房子增值的 1,700 萬價值用房貸利率增貸出來，當作頭期款，買幾間未來看漲的房子來租人，讓租金來支付房貸，房子自己養活自己，等到房子越來越增值的時候，就可以有更多的現金可以運用了！

3. 舊屋增貸後買新屋，舊屋租人

請小 Q 父母去銀行辦理理財型房貸，把房子增值的 1,700 萬價值用房貸利率增貸出來，當作頭期款買一間適合自己的房子，讓目前這間舊房子出租給別人，讓租金來支付舊房子的房貸，多出來的租金，也可以當作自己的生活費！

不知道大家看出來了沒有，透過這幾種方法評估出來的結果，差異其實就很大了，小 Q 所發問的問題，表面上看起來確實沒有透過房子獲得相關的增值財富，但是如果筆者提出的方法 1、2、3 面向來看，則會有不一樣的結果了。

自住投資雙管齊下，自備款一樣多，未來差很大

有一天，有一個朋友 Jason 問我：「最近想要在台中買房，我現在手邊有兩個案子在掙扎，一間開價 500 萬，三房兩廳，另一間則是 10 坪左右的小套房，售價 300 萬，你覺得我要背負比較高的貸款買下三房兩廳這個物件好呢，還是買負擔較輕的這個小套房來住呢？」我聽完後只問他：「你目前的想法，只想到自己自住的思維，你未來會想要透過

這間房子不僅有自住的效益還有增值的效應嗎？」他說：「當然是買來自住，並且在未來有增值的效應。」我說：「那你在買房子前，就要為了未來出售時候做準備了！」

緊接著我拿出紙筆，列了一個表格給他，請他自己比較看看，哪一個比較有利！

	總價	貸款 （30 年，2%）	自備款	N 年後預期增值幅度	售屋後拿回現金（預估未來每坪漲 1 萬）
三房兩廳 （30 坪）	500萬	貸款 8 成，為400 萬；每月利息 6,000 元	100萬	增值幅度大；交易流通性佳	130 萬
小套房 （10 坪）	300萬	貸款 7 成，為210 萬；每月利息 3,500 元	90萬	增值幅度小；交易流通性差	100 萬

從上面的表中，大家有沒有發現，購買這兩種房子的自備款是差不多的，兩者最大的差別是每個月負擔的貸款利息，一個是 6,000 元，另一個是 3,500 元。嚴格來說，對於一個收入穩定的上班族來說，利息的負擔其實都不算太大！但是這兩種物件類型，對於未來的流動性與增值效應來說，箇中差別可就很大了。

若我們有 100 萬自備款，目前有兩個房子可供選擇，一個是三房兩廳總價 500 萬的房子，一般三房兩廳可以貸到 8 折；另一個 10 坪的小套房，總價 300 萬，但持有 10 坪小套房的貸款人信用狀況好一點或財

務較穩健才有辦法貸到 7 成。此外，目前有許多銀行不願意承貸 13 坪以下的小套房，所以若您想要買 13 坪以下的小套房，建議可以先多詢問幾家願意承貸的銀行，以免屆時新屋貸款辦不下來。

再者，**三房兩廳的物件在市場上是最受歡迎的款式，流動性會比小套房好**，也因為容易受到市場的喜愛，未來也比較容易賣到好價錢。所以如果是以投資自住兩相宜的角度來看，最好的選擇就是三房兩廳。

最後再加碼一個利多，**其實在這個案子裡，最棒的部分還不是這裡，如果 N 年後有機會賣出，若當時的房價每坪上漲 1 萬元，那 30 坪的三房兩廳就有 30 萬的增值空間，相對於 10 坪的小套房，增值的幅度就只有約 10 萬元左右而已。**再者，三房兩廳的物件若在 N 年後賣出，你可以拿回 100 萬頭期款＋增值的 30 萬資本＝共可拿回 130 萬的現金；反觀 10 坪小套房 N 年後賣出，你可以拿回頭期款 90 萬＋增值的 10 萬利息，共可拿回 100 萬現金，哪個比較好，自己想想看囉！

打造自己的 18% 優存

以前公務人員有 18% 可以領，但時代的變遷，讓 18% 也隨著國家政策不復存在，我們既然不是公務人員，也從來沒享受過此福利，但你相信嗎？我們還是可以創造屬於自己的 18%。

在了解 18% 之前，我們要先了解什麼是投資報酬率！

您在看房子時若跟仲介說明意圖是投資用的，那麼仲介往往會問：「您希望的租金投報率是多少？」或跟您說：「這個物件很好唷，有高達 10% 的租金投報率！」當然，您在這之前一定先做好功課，徹底了解所有的投報率，這樣才有辦法讓房仲覺得你是一個內行的 A 級買方，也

才能讓仲介更想把好的便宜 Apple 物件報給你。

　　至於投資報酬率，一般簡稱「投報率」，什麼是房地產的投資報酬率？且容我一一為大家說分明。

投資報酬率＝年報酬／投資總金額 ×100%

　　無論是自住或是投資客，都要懂得看「租金報酬率」檢視房價與租金之間的關係，對自住客而言，搞懂租金報酬率可以判斷目前租屋或買房何者划算，對投資客來說，則可用以評估現在是否值得買房來投資，先來簡單說明這兩種投報率的差異。

1.「總價」租金收益報酬率

　　假設您在桃園買了一間房子，房屋總價假設是 300 萬（自備款 60 萬），這間房子隔成套房收租，每個月有 4 萬元的租金收入，一年可收到 48 萬。所以這個物件的「總價租金收益報酬率」是：

48 萬／（300 萬＋ 200 萬）*100% ＝ 9.6%

總價租金收益報酬率

＝年收總租金／《房屋全額》投資總金額 ×100%

　　「總價租金收益報酬率」可以說是每月租金收入為 4 萬元，每年的租金收益為 48 萬，假設你購買的房子價格為 300 萬，裝潢款＋雜支總花費 200 萬，其租金投報率就為 9.6%。

　　附帶一提的是，上述這個例子是在滿租的情況下，房產可創造的最大租金收益，實務上則要精算出「淨報酬率」，也就是要扣除包括貸款利息、稅金、裝潢費、維修費、物業管理費等相關成本以外，同時還得

概抓約 1 個月的空置期，才是比較精準的租金收益報酬率計算法。

　　至於更精細的算法則是：

（48 萬─利息─地價稅─房屋稅─維修折舊費─管理費－空置期）／
（300 萬＋ 200 萬）×100%

2.「現金」租金收益報酬率

　　假設您在桃園買了一間房子，房屋總價假設是 300 萬（自備款 60
萬），每個月有 4 萬元的租金收入，一年可收到 48 萬。那現金投報率
代表你總投資的「現金租金收益報酬率」，其算法為：

現金投報率＝年報酬／（自備現金＋額外支出現金額度）*100%

現金投報率＝（48 萬）／（60 萬＋ 200 萬）*100% ＝ 18.4%

估價。

快速評估不動產價格，
燙金門牌任您選

在早期不動產知識缺乏的年代，不論是金融機構超貸，或者法人不當處分資產，甚至以低買高報的方式來惡性掏空公司等，狀況層出不窮……。

其實，只要懂得不動產估價之道，這樣的問題是可以規避的。而目前，至於不動產的估價方法，大致分為以下三種：（1）成本法；（2）比較法；（3）收益法。

有一天，朋友小珍問我：「到底要怎麼估算不動產的價格？每次房仲業務報給我的價格，我都不知道要怎麼評估？」其實，快速評估不動產價格是有辦法的。

在早期不動產知識缺乏的年代，造成很多金融機構對於房地產的逾放比過高（銀行超貸），或者法人不當的處分不動產，以低買高報的方式來惡性掏空公司的資產等，導致許多嚴重的社會問題出現。漸漸的，社會大眾開始正視不動產估價的問題，並在政府不斷努力下，終於在2001 年在不動產估價領域訂立了《不動產估價師法》、《不動產估價技術規則》等相關法規，讓不動產估價方法終於擁有自己的一套規章。所以，如果大家想要了解更深入的理論的話，建議可以去學習不動產估價的相關法規，增加自己的專業技能。

不動產的估價方法，大致分為以下三種：**（1）成本法；（2）比較法；（3）收益法。**

1. 比較法

「比較法」是一般大眾以及專業估價人員最常使用的估價法，顧名思義，也就是利用條件相當的物件來評估標的之合理價位。

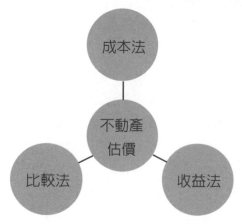

根據《不動產估價技術規則》第23條規定，比較標的出現下列情況，應先作適當之調整；該影響交易價格之情況無法有效掌握及量化調整時，應不予採用：

（1）急買急賣或急出租急承租。
（2）期待因素影響之交易。
（3）受債權債務關係影響之交易。
（4）有合併使用之交易。
（5）地上物處理有糾紛之交易。
（6）拍賣。
（7）公有土地標售、讓售。
（8）受迷信影響之交易。
（9）包含公共設施用地之交易。
（10）人為哄抬之交易。
（11）與法定用途不符之交易。
（12）其他特殊交易。

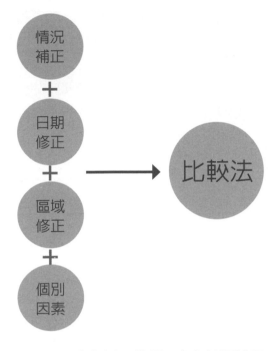

　　「比較法」的調整因素有以下幾種：（1）情況補正；（2）日期修正；（3）區域修正；（4）個別因素修正。

「比較法」使用的謬誤，別被仲介騙

　　在房仲的生態中，你如果是賣方屋主，仲介就會無所不用其極地說服賣方屋主把房屋售價壓低。如果你的專業知識不足，很有可能就會被仲介牽著鼻子走！

　　記得曾有一次，我打算賣掉桃園一間 3 樓公寓，那個區域的房價行情約為每坪 12 萬，房仲接到我的委託後，有一天特地帶著資料來找我，希望我可以把售價往下修。

　　仲介表示：「你看你旁邊這間房子的實價登錄，他的房價每坪也只售 7 萬耶！還有另一間，實際成交價也才 10 萬，你開的價格實在太高

調整因素	理由
情況補正	比較標的之價格形成條件中有非屬於一般正常交易情形而影響交易價格之約定，或有其他足以改變比較標的價格之情況存在時，就該影響部分所作之調整。
日期修正	比較標的之價格日期與勘估標的之價格日期因時間的差異，致價格水準發生變動，畢竟房地產的價格，會隨著時間的不同而有所變動。
區域因素修正	比較所選用之比較標的與勘估標的不在同一近鄰地區內時為將比較標的之價格轉化為與勘估標的同一近鄰地區內之價格水準以便進行個別因素比較，而以比較標的之區域價格水準為基礎，就區域因素不同所產生之價格差異，逐項進行之分析及調整。
個別因素修正	以比較標的之價格為基礎，就比較標的與勘估標的因個別因素不同所產生之價格差異，逐項進行之分析及調整。

資料來源：《不動產估價技術規則》第 19 條

了啦！這樣我們很難賣！」而在聽完他的說法，我心裡當下的OS是：「你少在那邊用沒修正過的「比較法」來唬我！」

我跟仲介說道：「首先，你說的那間每坪 7 萬的公寓，它的土地使用分區是工業用地，價格本來就會比住宅用地便宜，銀行願貸成數也比較低，所以這個案子不能拿來跟我的房子做比較！」

我接著說：「再來，你說的那間每坪 10 萬的公寓，我倒是有兩個問題想請教：一是，那個物件是 5 樓公寓的 5 樓、登錄價格是 5 年前「日期修正」的數字。我這間房子是 3 樓公寓，你拿 5 樓公寓的價格來比較，那也要經過修正才行，還有在 5 年前的市場房價，跟現在的市價已經有

一段差距了，所以這個標的根本不能拿來當作比較的基礎。」此時，拿著房仲給我的實價登錄資料，我指著一筆近期每坪 13 萬成交的公寓來反問房仲。

我說：「我會訂這個價格，我也是用「比較法」來參考的，因為這筆實價登錄每坪 13 萬的公寓，他的臨路是面省道，再加上實際價格登錄日期是今年，而且也是 3 樓的公寓，這才可以拿來當做我的比較標的！」

「而且，它近期成交每坪 13 萬的這個物件，臨路面寬是 4 線省道，但是我的房子是的臨路路寬是一般的雙線馬路，所以我的物件價格經過修正後，把價格訂在每坪 12 萬，其實是非常合理的！」

此時，房仲看我是有備而來，也佩服我的專業，誤打誤撞之下，我跟他成為了好朋友，他後來也報了很多好案子給我，讓我買了很多賺錢的案子！總而言之，**因為「比較法」的估價方法有四大修正因素，所以奉勸大家別傻傻地直接拿實價登錄來參考唷！**

「比較法」的優、缺點

	優點	缺點
「比較法」	1. 估價方式簡易，能快速估計勘估標的價格。 2. 較容易蒐集比較實例，容易掌握勘估標的之價格區間。 3. 適用範圍廣泛，能運用於各種權利估價。	1. 蒐集比較的實例不同，勘估標的之比較價格即有可能不同。 2. 調整金額或調整率取決於估價人之主觀意識，致比較結果較不客觀。 3. 勘估標的價格以實例價格為基礎，但無法精準的掌握比較物件。

2. 成本法

就三種估價法來說，**成本法是最容易理解的，所有商品的價格，都是透過成本計算，再加上適當利潤而定出最終的售價**。而不動產商品也一樣可以用「成本法」來做估價，不動產當中最大的兩個成本為土地及建物，故而使用「成本法」估價，也可分為土地及建物兩部份。

土地成本就是取得土地之價格總額；那建物的估價則是以興建所需之所有費用來評估成本，包括營造施工費、規劃設計費、廣告、銷售、管理、稅捐、融資利息及開發利潤等。對於中古屋的估價，建物估價部分還要考慮折舊，如果是預售或新成屋，則不需考量折舊的問題。

對於我們在買新成屋以及預售屋的時候，才比較會用「成本法」來評估，或者是在缺乏比較標的物的情況下，才會運用。

「成本法」的優、缺點

	優點	缺點
「成本法」	1. 資產價值減價折舊，符合會計原理。 2. 建物部分估價時，提供一個合理、明確之估價方法。	1. 涉及大量營建專業知識。 2. 需運用「營造或施工費標準表」、「廣告費、銷售費、管理費及稅捐等費率」、「開發或建築利潤率」、「建築工程進度營造費用比例表」、「建物經濟耐用年數表」、「建物殘餘價格率」、「建築師酬金標準表」、「建造執照工程造價表」等參考資料。

3. 收益法

　　與另外兩種估價方法相比，「收益法」相對較為複雜。而「收益法」的評估價格的模式為「直接資本化」。

「收益法」的優、缺點

	優點	缺點
「收益法」	1. 具合理理論基礎及收益能力分析，很適合用在收租型產品的投資評估。 2. 考量勘估標的未來現金流量及發展潛力。 3. 可將不動產價格因長期利率、風險性、管理上之難易度、稅務、增值性、租金預期成長率、流動性等而變動之因素反映於收益資本化之擇取。	1. 收益資本化會因為地區以及未來市場的變動而不易決定。 2. 未來淨收益難以確實估計。

「直接資本化」

　　指勘估標的未來一年期間之平均客觀淨收益（a），依照當時價格日期的適當之收益資本化率 r（也就是年收租金投報率）推算勘估標的價格之方法，例如：台北目前普遍的收益資本化率為 2 ～ 3%，在桃園大樓收益資本化率為 3 ～ 5%。

範例 1：

　　假設我在桃園買了一間電梯大樓，我每個月總收的租金約為 2 萬元，年收租金 a（客觀淨收益）為 24 萬，在當地的收益資本化率 r（年收租

金投報率）約為 4%，那房價 P 推估為：24 ／ 0.04（a ／ r）＝ 600 萬

範例 2：

　　假設我在台北買了一間電梯大樓，我每個月總收的租金約為 3 萬元，年收租金 a 為 36 萬，在當地的收益資本化率 r（年收租金投報率）約為 2%，那房價 P 推估為：36 ／ 0.02（a ／ r）＝ 1,800 萬

範例 3：

　　假設我在桃園買了一間公寓隔間套房，我每個月總收的租金約為 3 萬元，年收租金 a 為 36 萬，在當地公寓格套的收益資本化率 r（年收租金投報率）約為 7%，那此類型公寓房價 P 推估為：36 ／ 0.07（a ／ r）＝ 514 萬

謄本文件。

看懂不動產的身分證，
讓你獲利翻倍

屋主持有該物件多久了？當初購入的成本是多少？屋主目前的貸款情況又是如何？是否有什麼樣的限制（登記）？甚至是屋主前一手過戶的原因是繼承、買賣、法拍？有無二胎？諸如此類的問題，通通要到謄本上去找線索⋯⋯，你現在還會覺得看懂謄本不重要嗎？

花 20 元，現賺 100 萬

有一天早上，某位相熟的房仲業務打電話給我，說他剛剛接下一間房屋委託，相關資料還沒擺到公司網站上，想找我過去評估看看⋯⋯！

剛看到房子時，我一開始沒什麼反應，只覺得屋況還可以，心裡想著屋主應該不會便宜賣，腦子轉過幾個念頭之後，我想說看一下謄本再做一些確認。之後，看過謄本，我發現這個房子是第一手屋主，至今從未轉手過，於是又想了一想：屋主持有這個物件三十幾年了，當初取得的價格一定非常便宜，我若是丟出一個與他當時買下這個屋子差不多的價格，說不定有機會可以撿到便宜！？

於是，我透過仲介給了一個比當時市價還要便宜 100 萬的價格，還記得業務當下一聽到這個數字，還直衝著對我說別開玩笑，但我就是不願加價，只是簡單地跟他說：「你別擔心，就用這個價格去幫我談談看。」

而業務勉為其難地上門與屋主聊過之後這才發現，屋主原來是有現

金需求所以才要賣屋，而非業務單純的想法，以為屋主就是房子住久了，想換個屋齡新一點的房子住……。而且更重要的是，因為取得成本確實很低，屋主居然願意考慮，是否要用我出的這個價格賣出。一得到這個好消息，仲介趕緊跟我回報，並且跟我補收了斡旋（一開始連仲介都不相信這個價格有機會成交，所以也沒跟我收斡旋，就只是當作跟屋主認識一下，交交朋友）。而最後，我們雙方就在當天下午碰面細談，結果就是，我就多加 5 萬元成交了！

買到這個物件後，我跟業務兩個人都好開心，這根本就是撿到一個寶！所以，若能將看懂謄本的技能學起來，確實都很有可能讓你獲利百萬喔！

學會看謄本，幫爸爸免掉有去無回的借款！

還有一次，爸爸很要好的大學同學打電話跟他借周轉金，爸爸跟我說：「這個朋友也算認識很久了，為人也講信用，我覺得自己有必要出手借他現金周轉。」我當時聽到這件事情時，心裡頭的警鈴聲便響起，我跟爸爸表示：「他可能不是單純的周轉而已，這筆錢可能是一筆有去無回的錢！」爸爸不相信，質疑我有什麼方法可以確認？

我進一步表示：「我們去地政處調一下，把他居住持有的房屋謄本調出來看看就知道。」果然，再確認過謄本中的「他項權利」後，我們發覺爸爸的朋友在這兩年內已陸續設定了二胎、三胎，這表示爸爸的朋友現在財務發生問題，恐怕這筆錢會有去無回！

我拿著相關資料跟爸爸討論，並且跟爸爸說明：「您若把錢借出去，日後恐怕真的會拿不回來，而你們也可能為了這筆債權的因素，多年的

友誼關係也可能會因此破裂！所以我建議您，先借十分之一給他就好了！這筆錢未來若要不回來，您也就充當是幫朋友一個忙就好了。」

總之，從這個例子當中我們可以明白，學著看謄本，不只可以幫自己買到便宜的房子，甚至還可以了解朋友的財務狀況呢！

別只看房仲的海報，一定要還要會看謄本！

有一次，住台中的朋友北上，帶了一個物件來找我討論，表示自己對於這間位在台中市區的華廈很感興趣，希望我給他一些建議。

之後，我請他把相關資訊傳給我，他於是就將房仲朋友提供的房屋介紹海報傳給我，我看過之後搖搖頭，跟朋友說道：「你如果只是依照這張仲介提供的簡易海報就要作評估，其實很難找出可以談判的籌碼。當我們對於房子要有更進一步的出價前，我們一定要先看謄本，從謄本當中找到一些蛛絲馬跡。」

每次只要一發現我有興趣的房子，我一定會請仲介提供謄本讓我參考，因為其中隱藏了許多與該物件相關的房地產詳細資訊！只是，要求看謄本沒什麼難度，厲害的是如何透過謄本，找出你的議價籌碼！因為透過謄本可以看出屋主是否為投資客、屋主的購買成本、屋主有沒有缺錢？……等細節。

不動產身分證，買房前務必看明白

在台灣，不動產通常有兩張不同的身分證，分別為權狀、謄本。權狀又可分為土地所有權狀、建物所有權狀；而謄本則是分為土地謄本、建物謄本。

　　台灣的房地產法規規定中不動產物權之變動，原則上非經登記不生效力，採登記生效要件主義，也就是說，房地產的所有權人，可以拿到政府給你的一張所有權狀。而這兩張謄本記載著你所擁有的土地產權、建物產權。這張土地謄本，記載著所有權人、土地坐落、土地地號、地目、面積、抵押、限制登記等。另一張建物謄本，記載著所有權人、房屋建築結構、建坪、建號、抵押、限制登記等相關資訊。

　　台灣是採登記生效主義，《民法》第 758 條規定：不動產物權，依法律行為取得、設定、喪失、變更者，非經登記，不生效力，所以不動產物權之公示，以登記為其公示方法。也就是說，任何人都可以去地政事務所調閱任何一筆不動產的相關資料。

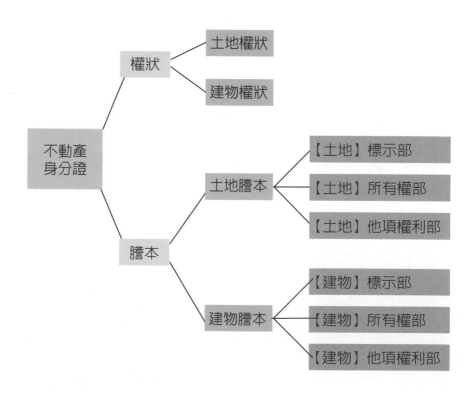

　　至於謄本又可分為三類，如果你是本人的話，可以調出第一類謄本（有詳細的個資）；反之若是透過地號、地址、建號來查閱謄本，那你就可以調到第二、第三類的謄本。附帶一提，屋主的基本資料在第二、第三類的謄本中會保密。

　　再來，我想教大家看懂謄本，謄本主要內容共分三項：（1）標示部；（2）所有權部；（3）他項權利部。

1. 標示部

　　（1）土地標示部：從土地謄本的標示部中記載資訊有：收件、登記發生日期、登記原因、面積、地段、地號、土地之座落、其它特別註記登記、土地上是否有無合法建築、土地目前之公告現值、使用分區及使用地類別……等。由於謄本是歸地政司所管轄，只有非都市土地的謄本上才會顯示「使用分區」、「使用地類別」，在都市計畫內的土地「使用分區」、「使用地類別」都標註為空白，若想要知道此筆土地在都市計畫內被歸類為什麼分區，例如：住宅區、商業區、工業區、公共設施用地……等。您可持土地登記簿謄本及地籍圖謄本至市政府或鄉鎮市公所之都市計畫課，直接閱覽都市計畫圖或申請使用分區證明。

　　（2）建物標示部：建物登記簿謄本標示部說明：標明建物所在土地之地段、地號及建築改良物之建號與建物門牌號、建築樓層數及主要建築材料，建築完成日期及其各樓層面積等。現行之謄本中亦有標明其建物與其它建物共同使用部份之建號、面積及其共同使用部分所佔有之權利範圍。

2. 所有權部

從土地謄本中的所有權部，主要是記載了，這塊土地以及建物的所有權人的相關基本資料，當中記載收件登記之日期、原因發生日期及所有權人姓名、住所、身分證字號、權利範圍、義務人姓名、剩餘持分、書狀字號、所有權人的權利範圍（持分）。

從土地謄本的所有權部中，可以看出土地目前之申報地價（地價稅的課稅稅基）、該土地之前次移轉現值（土地增值稅的課稅稅基）。

如果此土地被做了限制登記：預告登記、破產登記、假扣押、假執行、假處分及查封等登記，表示該筆土地已經的產權已經被一定限度的限制了，那就要特別注意，不然過戶後，容易產生產權上的糾紛。

3. 他項權利部 1

他項權利，主要是非屬本人權利時的相關資訊，不動產若設定他項權利，如：抵押權、不動產役權、典權、地上權、農育權、耕作權等，則登記簿列有他項權利部欄，最常見為他項權利有抵押權，若有此種情況則可依欄位中所示的設定金額估算出大約的貸款金額，其權利範圍及借貸條件為何，查知共同擔保的地號、建號等，這都是賣方財務狀況的指標，可以做為買賣、借貸時的參考。

---

1. 他項權利中的抵押權，若債權人為銀行，其貸款金額通常為實際借款金額的 1.2 倍做抵押權登記，用這 1.2 倍的方式去做推測，目前的所有權人的貸款金額。

透過第二順位、第三順位抵押權的設定時間跟金額，可以推估目前所有權人的財務狀況。

Chapter 3

實戰演練：便宜買好屋流程

買賣房地產就跟高爾夫球揮杆一樣，擊球雖是一瞬間的事，但卻是身體良好協調後的流程，所以，釐清並弄懂購屋資訊，才能確保自己的荷包不失血。

就好比從一開始的與業務打交道、看房子的技巧、與屋主的議價、斡旋談判的攻防等等，只要懂得融會貫通，買房賺錢絕對不是問題！

培養找房戰隊，吸金效果快

若說房地產市場專門坑殺新手，這個結論其實也不算過份，畢竟不懂市場行情，也不擅長談判技術，自然得多繳學費來累積經驗囉！不過，即便是菜鳥，我們還是可以找尋適合的工具來幫自己，而房屋仲介，就是我們在應戰時的最佳利器！

市場行情篇－買房前必懂的房屋行情，幫你省百萬

我有一個朋友叫做阿輝，他在台北消防局擔任公務員，有一天，他聽到朋友買了桃園的房子賣掉賺了一百多萬，他聽了非常的心動，於是便開始在上網找房子，直到有一天，他到桃園看房子，卻因為經驗不足，也沒評估過幾間房子就被房仲說服，誤信業務說的話術，相信房價好像真得很便宜，所以匆忙簽下斡旋……，也因為他是用大台北地區的房價來評估桃園的房市，所以還真的以為自己撿到一個天大的便宜！直到幾天過去了，他被仲介通知說屋主願意惜售，恭喜他買到房子，請他前來簽約賀成交！

之後，當然就是一連串的簽約流程跟跑銀行核貸款的日子，之後，他帶著合約書來找我，我看了一下他成交的價格，真的差點昏過去……因為他買的價格幾乎高出市價一百多萬，我當時心裡在想，果然桃園房價都被天龍國人不手軟地高價買走了！

其實這整件事情的問題藏結在於我的朋友不懂市場行情，也不擅長談判技術，所以讓自己多花了上百萬的學費，而這對於一般市井小民來說，還真是不便宜啊！然後想起自己也是新手菜鳥時，不也有過好幾

次差點被仲介的話術影響，誤買了看似便宜但實際上卻根本買貴了的房子。所以，筆者衷心希望透過自己過來人的經驗，分享並且幫助未來想買房子的新手菜鳥們，建議大家在出價前一定要做好該做的功課，才能避免付出慘痛的代價啊！

以下，就是我建議大家一定要學會的買房五大絕招。

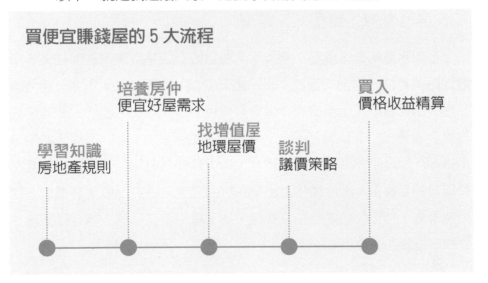

買便宜賺錢屋的 5 大流程

培養房仲
便宜好屋需求

買入
價格收益精算

找增值屋
地環屋價

談判
議價策略

學習知識
房地產規則

了解房地產的「類型」—公寓

首先，在踏入房仲門市找尋業務員時，建議大家務必先了解房子的基本分類，坊間目前在販售的房子約可分成以下四大類：**公寓、華廈、大樓、透天。**

公寓就是一般的爬樓梯類型，樓層多半在 5 樓以下，屋齡約落在 25 ～ 40 年之間，通常都是屋齡比較老，房地產早期比較主要的產品類型，在民國 84 年後，《公寓大廈條例》中明文規定公寓的頂樓樓是屬於公共區域，所以必須是可以讓所有住戶可以使用通行的。但是對於早

期公寓頂樓有加蓋的屋主來說，在鄰居的同意下，公寓的頂樓是可以給特定的某一層樓使用。

對於一些年輕人來說，5 樓有頂加的公寓，因為多了一層的使用空間，不僅只需使用一層自住，頂加還可以出租給房客使用，增加一些租金收益，對於剛出社會的年輕人來說，確實是一個很吸引人的物件。

了解房地產的「類型」─華廈

至於華廈則是樓層在 **7 樓以下，並且附有公共設施電梯的物件，一般的華廈物件，屋齡約落在 10 ～ 30 年之間**，在民國 84 年《公寓大廈管理條例》實施後，明文規定建商只要銷售逾半戶數，起造人有義務成立管委會再移交給區分所有權人。但其實在民國 84 年以前興建的華廈也很多，也幾乎都沒有成立管委會，所以很多華廈物件，**目前也因社區有無管理委員會，導致價格上出現些許的落差**。畢竟一般 7 層樓以上的電梯華廈，若沒人定期修繕或管理，常常會有電梯年久失修容易故障、社區環境髒亂等現象發生。

了解房地產的「類型」─電梯大樓

電梯大樓泛則指樓層在 **7 ～ 25 層樓之間，屋齡約 25 以內的物件，大樓的公設比通常約在 30%** 左右，公共設施多樣且較為完備，例如健身房、遊戲間、閱讀室、游泳池等公共設施等皆是。也因為具備這些公共設施，所以房屋的公設比相對較高，管理費也較貴。

了解房地產的「類型」—透天厝、別墅

　　至於透天厝，則又是另一種截然不同的樣式！款式蠻多種的，例如**透天，意指有天有地，整個房子及土地都含括在屋主的權狀內**。但有另**一種類似透天的類型叫做別墅**，這又是另一種完全不一樣的類型，別墅一般又被稱為假透天，原因即在於它是社區型的透天格局，整個社區基地的土地是由社區住戶共同持有，而非如透天厝是單獨持有土地。

　　別墅的基本上就跟住在電梯大樓是一樣的概念，在電梯大樓的規約中，常常會規定住戶不能擅自改變建物的外觀等，那別墅其實也受到管委會規約的規範，如果別墅想要重建，也不能因為自己的決定，而把現有的房子推掉，重新做新的規劃與建設。但是透天厝，就是有天有地，基本上你想要怎麼樣改造房子，就是自己的決定即可！建議大家在看屋時一定要先弄清楚自己找的屋款是哪一種類型？以免吃虧上當。

地段、環境的熟悉－「生活機能」、「嫌惡設施」

在一開始想要買當地的房子之前，我建議可以**先列印出當地的地圖**，例如想要買桃園市桃園區的物件，那就先騎著摩托車，把桃園區的主要幹道（省道、縣道、生活機能便利的街道等）全部走一遍，並且每走 300 公尺就停下來，在地圖上畫一次，並且回想剛剛這 300 公尺內是否有便利商店、公車站牌、區公所、警察局、郵局、銀行、百貨公司、房仲店、加油站、宮廟、學校等，評估並總結一下符合自己生活機能的設施有哪些？又有哪些是自己雖不喜歡但可勉強接受，或是一定要避免的嫌惡設施。

大家不妨體會一下，若選擇住在這裡，該區**地段**、**環境**是否能接受？尤其是自己一定會用到也比較重要的生活機能一一標示起來，例如大型賣場、學校、警察局、醫院、市集、公車站、捷運站等，試著用居住者的角度來評分，客觀地幫物件打分數。

選定房仲門市，站在房仲肩膀上看房市

了解完基本的地段與地形後，接下來，就開始要實際了解房地產市場的買賣狀況了。

在你還是新手菜鳥的時候，尚未清楚當地的房地產市場的交易情況，這時你可以先跟房仲說，你是以**投資的角度出發**（因為筆者希望大家可以在買房自住之餘，也可以有獲利的空間），把你的投資需求事先告訴仲介，並且跟業務說自己是外地來的，就是單純想找這邊的房子來投資，請房仲為你介紹附近的生活機能與市場行情！

再者，你可以規定自己每次只看一個區域，容我再舉台中市為例，

例如台中火車站周圍、北區一中街附近、西區美術館、南區中興大學區、西屯台中市府特區、西屯逢甲商圈、西屯工業區、水湳經貿特區等，每個區域都找幾個不同的仲介門市來帶看，原因在於房地產是一個地域性色彩非常強的產品，所以通常房仲朋友也都會有自己比較深耕的區域，這代表著他們對特定區域的熟悉度往往更強，對於市場行情，以及定社區的屋主狀況等，掌握度多半也較高。通常深耕越久的房仲，相對也會越清楚附近的成交行情、哪間房子是凶宅、哪裡有海沙屋、以及為什某個社區的房價為何總是低於該區的平均行情等，這種接地氣的小道消息，他們往往最清楚。換言之，當地若有什麼便宜的案子在求售，他們也會比較容易在第一時間獲得第一手的資訊！

聚焦自己屬意的物件類型

通常在前三個步驟不斷重複重複再重複練習之後，你就會開始慢慢發現，自己越來越了解自己所關注的區域，有時甚至深入到哪個社區的房子疑似有海砂屋的可能、哪間房子前些時後出現非自然身故的凶宅、又有哪間房子最近有惡鄰居出沒等，也因為**對區域越專精，所以你對於物件的評估速度也就會越快，對於可以投資的價格區間行情，開始都會變成是一種反射習慣，而當你對區域的房地產市場狀況聊若指掌後，你接下來就可以開始進入聚焦模式了。**

進入聚焦模式時，你必須鎖定自己想要的物件類型，必須給房仲一個明確的找房目標，例如房屋類型是公寓、華廈或電梯大樓、可負擔的單價區間、自備款區間、地域範圍、買房用途等，當你越清楚自己的目標與可負擔的資金水位，房仲業務件給你的標的物就會越吻合。在此容我舉自己當作實例跟大家說明：

　　首先，你必須清楚地向房仲業務表明，想買的房子是自住或投資之用？問問房仲朋友該區域最近有沒有什麼可以投資的房屋類型，例如屋主低估或急售的物件、近期成交行情、最近房市狀況等。

　　再來，仲介一定會進一步詢問你想要找什麼類型 的房屋（例如公寓、華廈、大樓、透天厝）？是否有屬意的生活圈、地段？投資還自住需求？預算區間？願意購買單坪價格區間？

　　最後，當你提出明確的需求，以及你對於行情的了解狀況後，房仲業務多半就會透過公司的網路系統尋找一些適合的物件來給你參考，順便約好看屋的時間。

　　不斷重複上述幾個動作之後，你在仲介的眼中就會越來越像個 A 咖，在未來，只要一有好案子出現，業務腦海中自然就會想起你這號人物！

訓練「報出地址就出價」的能力

　　還記得我就讀中興大學研究所時，每天在台中市區找投資物件的例子嗎？其實，當你越跟著仲介到處看房、找房，你的心裡自然會慢慢建立起專屬的投資地圖，**每個商圈、每條巷弄的房子約可以多少價錢入手，你都能瞭若指掌**，甚至在房仲通知你有 Apple 物件可以看的時候，你甚至不用看房，就可以先出價卡位了！

　　如果你想要買房投資，一定要熟悉每個路段的行情，例如一樣都是一中商圈，但三民路靠近台中公園附近的房價，基本上跟靠近崇德路一段的房價就有落差，因為是靠近崇德路那邊有一座殯儀館，對於某些考量風水的買家來說，這就是一個抗性！

　　拿一個親身的例子來跟大家說明：有天，房仲打電話通知我，在三

民路上面有一間公寓要賣，每坪單價是 11 萬，此時我多半會問他，**該物件是在三民路的哪一邊？請他給我地址。**而我之所以這樣的要求的理由是，若該物件是靠近公園路那邊，我二話不說，立即會出門看房甚至下斡旋；反觀若該物件靠近崇德路，那麼基本上就請仲介先傳照片給我參考看看，等我手邊的事情處理好，我再找時間去看房子。

這當中的差別即在於，我對於該區域的發展現況相當熟悉，甚至有「不出家門亦能知天下事」的本事。

透過與房仲聊天，讓自己成為 A 咖客戶

最後一個步驟，就是開始**慢慢放大看房的頻率與數量**，之前我幾乎每天都會安排自己看房子，每天掛在網路上找尋各種心裡想要的物件，每天請業務安排帶看 7 ～ 10 間房子，並與帶看不同物件的業務建立友好關係，畢竟不同的房仲業務經手的物件肯定有些許不同，未來協助你議價甚至談判的能力也不一樣，每天都花上一點時間做好這些我認為的「基本功」，相信你未來的看屋能力想來也肯定不會太差了。而基本功打穩之後，你對於房價、區域行情的熟悉程度，將會大幅縮短你評估的時間，你也就越可以快速下判斷，永遠趕在黃金時間做好所有買房的功課與準備，長此以往，房仲自然會把你當成是 A 級客戶來看待。

在你接觸大量仲介的時候，其實房仲們也會在聊天的過程中來測試你，也因為你是已經做好功課了，所以也不容易被仲介所牽著鼻子走。**我常常會遇到，仲介會故意把當地的行情說錯、投報率說錯，藉以測試你是不是真有兩把刷子。**

這不僅是你在培養找房戰隊，在房仲朋友們心中其實也有不同等級的客戶名單，業務手邊一旦出現 Apple 物件，往往都會優先通知自己口

袋裡的 A 級客戶，所以依照我的經驗，我列出幾個房仲朋友比較在意的一些客戶條件供大家參考，接下來不妨評估看看自己夠不夠條件當個房仲眼裡的 A 咖。

（1）你是否清楚自己要的物件類型？

（2）你有沒有能力在業務一丟出 Apple 物件時就做出購買的決定？

（3）手邊是否有足夠的銀彈？

（4）是否有交易或斡旋議價的經驗？

（5）隨時調閱甚至評估 Apple 物件？

（6）過去有無成功的投資獲利經驗？

（7）是否熟悉投資房地產的流程與細節（例如登記、合夥、節稅、裝修）？

第二招

看屋口訣—地、環、屋、價

很多人自住者買房喜歡從屋內裝潢先看起，但對我來說，我的購屋準則「地環屋價」是從地段開始，然後是周邊環境，最後才看屋況。我跟朋友分享這個邏輯時，很多人一開始都不太能接受。但我奉勸大家，一定要把感性藏起來，多用一點理性來看屋，相對更保險。

地段　▶　環境　▶　屋況　▶　估價　▶　議價

即使是自住，也要站在投資基石上看房子

很多朋友都會問我，說他看了好幾間房子了，卻還是不知道在看房子時要注意什麼？是要看風水格局呢？還是內部隔間規劃？還是……？

其實，對於剛開始投入房地產市場的新手來說，都會遇到這個疑問，這讓我回想起，我近期看房子的時候，當時實際遇到的狀況是，我跟一位合作過多次的房仲朋友一起去評估一間房子，但因為屋主提供的鑰匙出了一些問題，所以延誤了一些時間，於是我臨時改行程，跟著下一組自住買家一起去看。

而在看完房子過後，房仲詢問我們對於這間房子的看法，我記得當時自住買家表示，他覺得最大的毛病都在裝潢上。

之後，房仲朋友問我，那我呢？有沒有什麼看法？我笑笑地跟仲介說：「我是一個買房投資客，看法肯定跟自住買家有很大的落差。」我

接著表示自己對這個物件的一些看法：

（1）這個房子鄰外雖不是死巷，但因路寬太小，未來的接手力道會差很多！

（2）這個物件是華廈，但每個月的管理費卻偏高。

（3）物件的室內面積只有 15 坪，對於一般小家庭來說有點小。

（4）這個物件的座向會西曬，議價時恐有抗性。

（5）此華廈的電梯設計不良，電梯停在 2 樓跟 1 樓的中間，住戶要搭電梯回家，還得多走半層樓才行。

（6）物件雖位在精華地段，但總體來說，屋主想賣的價格不便宜，所以暫不考慮！

而就在我表達看法時，這個房仲偷偷傳 Line 請我別再往下說了……因為這個自住買家目前已算是復看第三次了，想來是對這間房子極有興趣，希望我不要潑冷水。

相較於自住客比較依賴個人喜好來決定是否出價，投資客比較會用方便成交的角度來看屋。但也因此，日後若要換房，往往就會發現自己憑喜好買下的房子並不好脫手，所以，我還是建議想要買房的朋友們，雖然目前買房目的是自住而非投資，但為了方便日後轉手的速度，由衷建議還是站在投資的基石看房子。

獨創的購屋準則

相信會買這本書的讀者，多半一定有過看屋的經驗，你在看一個物件時，通常會注意哪些細節？未來如果要換屋，你是否有把握自己的房子會是一個搶手的秒殺物件？若你能保證自己找的物件永遠都是秒殺物件，那麼不論是自住或投資，你肯定都是贏家。我也建議讀者們，未來

在看屋時，記得把這個我**獨創的準則「地環屋價」**放在心中，甚至當成是看屋的座右銘，如此一來，投資房地產你肯定無往不利。

善用獨創的購屋準則，很可能協助你賺到千萬以上財富唷！「地環屋價」也就是買房子的思考順序為：地段 > 環境 > 屋況 > 價格。

我在這邊舉一個朋友實際的案例：有一次，我研究所同學的聚會，有個同學問我，他最近剛在北投附近買了一個新房子。我當下很直覺地問他：「你為什麼會買在北投，是否有看過其他地區的房子呢？」

同學回答我：「我有看其他士林、天母、奇岩等附近的房子，最後我選擇北投的原因是，同樣的價格，這個房子的屋況最漂亮，所以我就買了！」我同學用自住買房的主觀角度來看房，缺乏投資買賣的角度，等到未來要賣房，房子就容易出現不易脫手變現的困境，以及房市大好時，自己的房子漲幅卻不夠大；倒是若房市跌價時，房子修正幅度卻比其他地方來得兇！

很多人自住者買房喜歡從屋內裝潢先看起，但對我來說，我的購屋準則「地環屋價」是**從地段開始，然後是周邊環境，最後才看屋況**。我跟朋友分享這個邏輯時，很多人一開始都不太能接受。但我奉勸大家，一定要把感性藏起來，多用一點理性來看屋，相對更保險。

1. 房地產的價值分數

看屋時要注意的細節，其實才是能讓你找到談判籌碼的關鍵！首先，我在看房子時，心裡多半會有一個評分順序跟加權比重：**地段（70%）、環境（20%）、屋況（10%）**，買房子首重地點，地點挑的好，會保值易漲難跌。

曾與一位多年不見的朋友小巴聚餐，席間他問我：「好的房子為什麼會漲價？房子只會越住越舊啊，怎麼會越來越貴呢？」

我回答他說：「其實你只要修正一下剛剛說的那句話，就會知道原因了！你應該要問，為什麼「房地產」會漲價？」

房子確實是會折舊的，所以若單論房子本身，確實大多都是會因為折舊而跌價，會讓房地產漲價的主要原因，絕大多數因素是來自「土地」！**畢竟房子可以重蓋，但土地有其特殊的「唯一性」，除了同棟的建築物以外，全世界找不到兩塊相同的土地**，所以當你買下房地產的同時，你就已經把世上這塊唯一的土地變成私有財產，導致這一區房地產的供給變少了，這也是為什麼精華地段的房價水漲船高的主因！

2. 房地產評估～出價的流程（地段、環境、屋況、價格）

第一步─地段：每次房仲推薦物件給我時，我都會請他們先把物件的基本資料傳給我。我習慣先確定此物件是否**位在黃金地段，如果地段是位在鬧區、生活機能良好、交通便利、就業需求大、商圈林立等**，我才會再進行第二步。

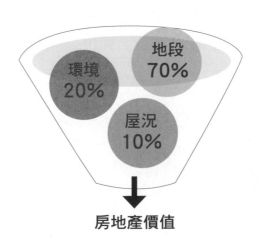

再者，第二步—環境：當地段評估核可後，我會再評估這個物件方圓 1 公里內的周邊環境有無殯儀館、福地、凶宅、死巷、垃圾場、寺廟、路衝、巷寬大小等嫌惡設施。如果已在此區深耕許久，通常一聽到物件地址，基本上第一、第二個步驟（地段、環境）**應可在 5 分鐘內就做好八成的評估了。這個也是為什麼很多專職的投資客在還沒有看到房子時，便可先下斡旋卡順位的原因！**

之後，第三步—屋況：**第三步驟則是要觀察該物件的內外格局，像是外部風水、屋內格局、棟距、採光、格局圖、樓地板傾斜、風水、壁癌、公設、主結構裂縫、鋼筋外露、漏水壁癌等。**

最後我才會總結歸納上面的評估結果，算出適合此物件的買價，透過預估未來售出的價格或持有的收益價格，推算自己的願付買進價格區間。

房子評估流程 Step1：地段

通常在做該物件的地段評估時，我會特別注意的項目有交通、觀光區、生活機能、工作需求、都市計畫、未來發展等，考慮得越周全，日後脫手的可能性跟獲利空間也會越大。

（1）交通：交通越便利的區位，房價基本上都具有一定的保值性，就像是房子若位在捷運站周邊 5 分鐘路程的距離，價格多半就是易漲難跌，那評估交通是否加分的因素又有：捷運站、火車站、高鐵站、交流道、公車站、省道、縣道路寬等，一定要多加評估影響性。

（2）工作需求：工作人口需求強勁的地區，通常也是房價相對保值的一個象徵，例如新竹科學園區、龜山工業區、林口工業區、內湖科

學園區、南港科學園區等皆是，因為提供工作機會，也讓很多在此工作的上班族選擇定居，再者，常住此區域的屋主若想換房子，換手力道也是不容小覷的。

（3）都市計畫：如果政府規劃要做大規模的區段徵收，未來會有大規模的計畫（例如內湖科學園區、新竹科學園區的規劃），又或者市地重劃、小型的都市計畫的細部計畫等，這也是一個可以提前布局卡位的選擇。

（4）未來發展：如果此地段未來會有好的規劃建設，對於房地產的保值程度也會大大加分，例如未來會有捷運站、規劃公園綠地、美術館、圖書館、大型商場進駐（大潤發、Costco）等，又例如桃園廣豐特區、桃園高鐵的青埔站周邊等，也是一例。

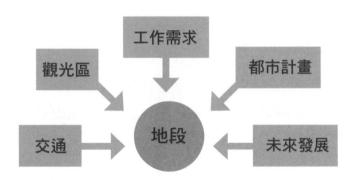

房子評估流程 Step2：環境

（1）生活機能：交通越便利的區位，房價基本上都具有一定的保值性，通常評估一個地區的生活機能的要素有：連鎖超市、醫院、黃昏市場、餐飲小吃店、夜市、政府機關（警察局、區公所、學校、圖書館、行政中心等）、大型品牌設立（麥當勞、星巴克、肯德基）、大型房屋

地段評估項目

交通運輸	公共設施	發展潛力
捷運站	學校	就職需求大小
公車站	市場	重大建設計畫
交流道	公園廣場	周邊都市計畫
主要幹道路寬	觀光遊憩設施	周邊市地重劃
火車站	政府行政機關	區段徵收
高鐵站	大型商場	

仲介等，畢竟一個商業的群聚形成，通常需要十多年的發展時間，所以對於一些新市鎮的開發，奉勸大家千萬不要一窩蜂地追高房價，因為通常在熱潮退後，房價很容易就會打回原型的。

（2）嫌惡設施：通常在一個都市計畫內一定會規劃生活必要設施，所以儘管是在好的地段，但難免還是會有人們比較不喜歡的險惡設施，例如基地台、殯儀館、福地、垃圾場等，這是屬於比較無力爭辯的設施。

再來就是見仁見智的部份，這端看每個人可忍受的程度到哪裡，例如宮廟、加油站、電塔、神壇、瓦斯行、資源回收、凶宅、死巷、寺廟、路衝、小巷寬等。

（3）土地使用分區：在買房子之前，建議大家還是要詢問一下土地的使用分區，因為儘管在都市計畫內的繁榮地段，也常會有不小心買到工業用地的可能，例如桃園 IKEA、愛買的區段，在桃園市來說是繁榮

的地段，但是此區域是被規劃為工業用地，所以買房子時還是要了解一下土地的使用分區，應該較為保險與妥當。

（4）基地情況：如果基地面積方正、房子面臨的路寬較大、屋外風景無遮蔽物，這種房型的內在價值就會更高！例如面臨萬坪的大安森林公園、台中五期面向文心森林公園等地的豪宅等皆是。

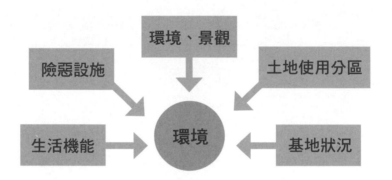

環境評估項目

接近條件（方圓1公里）	基地條件	自然條件
學校接近程度	使用分區與編定	景觀
市場接近程度	容積、建蔽率	地勢
公車、火車、捷運	禁限建有無	排水狀況
政府機關接近程度	臨路寬度	自然災害
公園綠地接近程度	基地寬深度比	日照狀況

房子評估流程 Step3：屋況

（1）屋內格局：正所謂「風火水電光、天牆地柱窗」，風（室內通風狀況、風水）、火（瓦斯管線）、水（漏水狀況）、電（電路狀況）、光（採光度）、天（天花板）、牆（牆壁、格局）、地（樓地板）、柱（樑柱）、窗（窗戶）。

這個由房地產前輩田大全老師提出來的屋況觀察口訣，在此僅供大家參考，做為在看房子時需要注意的重要細節。

（2）屋與屋之間：棟距、採光、風水、基地形狀、路寬等，乃至於社區治理、鄰居素質、公共設施、物業管理品質等，都要一一考慮到。

（3）房屋結構：例如梁柱裂縫、鋼筋外露、漏水、壁癌等，這些因素也都會影響到房子裝潢時的預算，手頭拮据的購屋族們，不可不防！

屋況評估項目

屋內狀況	屋外狀況	基地周邊（500 公尺）
風火水電光	有無惡鄰居	便利商店
天牆地柱窗	有無民間神壇	路沖
主結構狀況	管委會營運狀況	棟距
漏水、壁癌情況	公共區域整潔度	嫌惡設施（電塔、加油站、基地台等）
房屋坐向、風水	每月管理費	臨路路寬

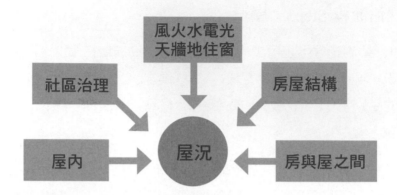

房子評估流程 Step4：估價、出價

當房子已經看到一定程度後，也經過了前面三大步驟（地段、環境、屋況）的評估，接下來就是正式進入出價談判的階段，大家還記得我在前面章節所分享的不動產估價方法嗎？讓我再跟大家提醒一下：不動產技術規則中的三大估價法─「比較法」、「成本法」、「收益法」，如果忘記的讀者，記得回到第二章再重新複習喔！

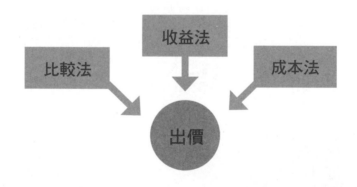

第三招

如何訂出最有「利」的房價？

若看屋已經來到這個階段，這即表示雙方已走到開始拋出真金白銀的拚搏了，正所謂「出價既是一門科學，也是一項藝術」，大家可千萬別輸在這最後一哩路喔！

物件類型不同，估價方式差異大

依照我的經驗，出價共可分成兩步驟，**一是科學的計算，二是價格應對進退的出價藝術**。有一天，姪女小妍跑來問我：「你說出價是藝術又是科學，這到底是什麼意思？我實在聽得有點霧颯颯……！」

我回答她：「那我就用生活的例子來跟你解釋，就像我們不是揪團要去高雄溯溪嗎？那我們又是怎麼談到優惠價的呢？」

首先，我們先用「比較法」，跟各個旅行團做比較價格，並且透過比較的過程中，了解了溯溪所需要花的成本（溯溪裝備、溯溪保險、兩位教練費、午餐），那我們透過「比較法」，了解了一般外面行情報價約是每人 1,600 ～ 2,000 元，如果人多的話，可以優惠到每人 1,500 元。

透過「成本法」我們可以瞭解，如果一團有 12 人，溯溪所需要的成本約為：每人保險費 200 元、2 位教練費共 5,000 元、午餐費每人 100 元、溯溪裝備每人約 200 元，總成本約 1 萬元，那我們給旅行社的利潤約為 2,000 元。我們有 12 人要一起溯溪，我們可以選擇用「比較法」的費用，每人價格為 1,500 元，「比較法」的團費所需花費約為 1.8 萬元；相較於１２人用「成本法」的包團費用，每人成本約 1,000 元，總費用為 1.2 萬元。

溯溪團的估價法 - 比較法	
溯溪團 1	1,500 元／人
溯溪團 2	2,000 元／人
溪團 3	1,700 元／人
12 人總團費總結	18,000 元

溯溪團的估價法 - 成本法	
溯溪團 1	・保險費每人 200 元
溯溪團 2	・2 位教練費共 5,000 元 ・午餐費每人 100 元
溯溪團 3	・溯溪裝備每人 200 元 ・給旅行社包團利潤為 1,000 ～ 1,300 元
12 人總團費總結	11,000 ～ 14,000 元

　　而在經過第一階段採用「科學方法分析」價格之後，接下來我們擬定談判的策略，開始採用「藝術的模式」來談判議價了。經過上面的分析後，我們決定使用「成本法」的方式來議價，經過多次價格的拉扯，以及談判溝通議價後，最後我們取得包團的價格談到 1.2 萬元的優惠，比起「比較法」的團報價格足足省下了 6,000 塊錢，這筆意外收入讓我們大夥在溯溪完畢後，一起去吃了一頓澎湃的晚餐。

屋況類型適用的估價種類

　　透過這個生活的例子來了解房地產估價及議價，其實也頗有異曲同工之妙，不同的房地產產品也有其適用的估價方法，每當我在做房地產估價時，通常都會用兩個以上的估價法來比照，並且透過科學的分析來剖析價格的甜蜜點。

以下是我透過多年的估價經驗，為大家整理了這個表格，大家不妨參考看看，自己在評估各種不動產時，習慣採用什麼方法。

房地產類型	比較法	成本法	收益法
中古屋大樓、華廈、公寓	●	●	●
屋況需整修的中古屋	●	●	
新古屋（屋齡5～10年）	●	●	●
預售屋	●	●	
透天（土地自有）	●	●	
別墅（土地共有）	●		●
格套收租公寓		●	●
地上權住宅	●		●
店面	●		●

估價範例1：中古法拍屋

今天我們看到一間喜歡的大樓、華廈或者公寓（屋況是可以直接入住的），我會使用「比較法」以及「收益法」來評估，首先依舊是科學的心理價格！在此就拿我自己的實際案例來解說：

我最近進場標一間法拍屋，物件位於桃園市八德區的廣豐特區，是一個屋齡逾20年的電梯華廈，距離未來的桃園綠線捷運站，走路只需2分鐘，附近也有大潤發可以採買日常用品，生活機能相當好。

而我告訴各位的結果，就是採用前面章節所教授的口訣「地、環、屋、價」，評估而來。待地段、環境、屋況評估完畢後，我覺得此物件是可以進場，於是便進入了價格的階段。

　　此物件是法拍物件，底價為 298 萬，權狀坪數約有 28 坪，屋齡約 30 年。

　　對於中古屋的評估模式，我比較常用的是「比較法」、「收益法」兩種，分析方法如下：

　　（1）比較法：我會先調查附近屋齡 30 年的華廈大樓成交價，瞭解附近大樓的成交價約在每坪 12 ～ 15 萬，待抓到附近的行情之後，就可以做一些修正，以此來推估這間房子可以進場的真正價格！

	勘估標的
優點	1. 臨介壽路 2. 離捷運站進 3. 旁邊是桃園八德指標建案（桃大極） 4. 距離大潤發很近
缺點	1. 房子西曬 2. 房子面介壽路較吵 3. 格局不方正 4. 屋齡較大
比較修正後價格	每坪 12 ～ 13 萬元是可接受的價格，總價為 336 ～ 364 萬
相關支出	10 萬
利潤	40 萬
可進場價格	286 ～ 314 萬

　　（2）收益法：此房子購入後，每月可收的租金約落在 1 萬元，那一年可收的總租金約為 12 萬，此桃園八德廣豐特區的 20 年電梯大樓的投報率約為 3 ～ 3.5%，依照收益估價法，我們可以推估房價約落在 300 萬上下。

	年收總租金	資本投報率換算價格		收益率估價法	相關支出	利潤	可進場價格
		3%	3.5%				
收益法	12 萬	400 萬	342 萬	342 ～ 400 萬	10 萬	40 萬	290 ～ 350 萬

	比較法	收益法
法拍物件 底價為 298 萬 權狀坪數 28 坪 屋齡約 30 年	286 ～ 314 萬	290 ～ 350 萬
總結－可出價範圍	286 萬（286 萬、290 萬，兩者取其低）～ 314 萬（314 萬、350 萬，兩者取其低）	

此物件若用比較法估價，收益為：

12 萬 /3% ＝ 400 萬

12 萬 /3.5% ＝ 342 萬

待綜合並比較過兩種估價法的數額後，我們便可推估出該物件的合理價約落在 286 ～ 314 萬元之間，我就依照此金額去進場出價投標，成功獲利的機會很大。

估價範例 2：新成屋（法拍市場）

看到一間喜歡的新成屋，基本做法與評估中古屋是一樣，至於要用哪些估價方法呢？

首先還是從科學的心理價格開始做起！再舉一個例子跟大家分享：

　　之前，我看到一間桃園的法拍屋，屋齡 3 年、屋況幾乎全新、物件不點交、走路到未來捷運站 5 分鐘，法拍底價約 700 萬，那我是怎麼決定這間房子價格多少可以購入？

　　（1）比較法：拿近鄰地區的房子來比較，我就找了附近屋齡 5 年內、走路離捷運站 5 分鐘路程、社區戶數相當、成交價格是近期的正常價格。那找到附近的 3 的建案（含車位），每總價約落在 900 ～ 1,000 萬之間，單價約落在每坪 27 ～ 29 萬之間，那我大約合理的推估，此間房子的總價應可落在 800 ～ 1,000 萬左右。

　　那我就開始來修正勘估標地的價格，我開始找了一些房價的修正因素，例如：觀光夜市就在正樓下環境維護成本高、臨路小、旁邊有小小的土地公廟、房子西曬……。待把這些因素綜合起來，未來出售價格約為 850 ～ 900 萬元之間。

　　在投標這間新成屋之前，我有先跟鄰居以及此物件的管理員做一個打聽，目前裡面的屋主，他剛裝潢不久，裝潢的費用約為 70 萬。之後，我在調出此間房子當初跟建商購買金額約為 850 萬，所以這間的成本約為 920 萬左右，如果未來在 850 ～ 900 萬來出脫此物件，在扣除一些仲介、代書費等雜支 25 萬的話，我們的進場價格落在 850 萬以下，基本上是有一定的利潤，且以此地段的競爭是力足夠的，買盤的需求強烈。

　　所以依照「比較法」+「成本法」來做推估的話，此間物件的成本約落在 900 ～ 950 萬之間，在加入我們所需要的利潤以及扣除相關雜支，進場價格落在 765 ～ 815 萬之間，都是漂亮的進場點。

比較法		
比較標的價格	900～1,000 萬	
修正因素	正向因素	1. 屋齡 5 年內 2. 走路離捷運站 5 分鐘 3. 社區戶數少
	負向因素	1. 夜市在正樓下，環境較難維護 2. 臨路小 3. 旁邊有小小的土地公廟 4. 房子西曬
未來出售價格	850～900 萬	
相關雜支	25 萬	
利潤	60 萬	
可進場價格	765～815 萬	

（2）收益法：在目前桃園觀光夜市的房地產市場中，新成屋的電梯大樓的租金收益大約 3～4%，這間間法拍屋標下來後，可以立即每月收租 2.5 萬，年收租金收益約為 30 萬。

此物件用收益估價法，價格＝租金收益／收益率，收益估價法的價格為：30 萬 / 3% = 1,000 萬

30 萬 / 3.5% = 857 萬

而透過上面兩個方式估價過後，我們推得此物件的價格的市場行情約落在 850～900 萬之間，若再扣掉買房必須負擔的成本例如代書過戶費、銀行貸款手續費、買房子稅金等約 30 萬，那我們大概合理可以出價的價格約為 820～870 萬，推估出來房子的價格區間後，就可以準備好資金，大膽進場囉！

	年收總租金	資本投報率換算價格		未來出售價格	相關支出	利潤	可進場價格
		3%	3.5%				
收益法	30 萬	1,000 萬	857 萬	857 ～ 1,000 萬	25 萬	60 萬	800 萬～ 940 萬

	比較法	收益法
法拍物件 底價為 711 萬 建物 31.15 坪 車位 10.42 坪 屋齡 5 年	765 ～ 815 萬	800 ～ 940 萬
總結－可出價範圍	765 萬（765 萬、800 萬，兩者取其低）～ 815 萬（815 萬、940 萬，兩者取其低）	

估價範例 3：預售屋

　　自從房市從 2015 年開始高點反轉走下坡之後，成交量急速萎縮，但建商在 2015 年之前已申請建照的房子則開始陸續完工，這個狀況導致房地產市場的供需開始失衡，許多新建案無法順利完銷，故而讓建商們為了刺激買氣，乾脆限縮了自己的利潤，讓房價順勢下降……，對於預售屋的估價，我建議可以用成本法、比較法來做為預售屋的估價。實際案例分享如下：

　　最近我協助我朋友買了一間預售屋（建物權狀 30 坪），位在桃園中路的預售屋，因為近期房地產景氣比較弱，趁著房市買氣較不好的時

候，多去跟建商磨一磨，容易談到比較好的價格。

基本上，預售屋比較難從短期間獲得收益，除非此地區未來行情看好＋建商大降價，不然基本上，購買預售屋，就是預估合理可以進場的價格，當然進場價格越便宜，未來的利潤也就越高。

（1）比較法：我們先查詢桃園中路附近新成屋（屋齡 5 年左右）的成交行情，了解附近成交價約落在每坪 28 ～ 35 萬元後，總價區間帶約落在 840 ～ 1,050 左右，在「比較法」推估現在的標地成交行情，每坪約 28 ～ 35 萬，之後再找一些房價的修正因素，例如距離未來的捷運站騎車 5 分鐘、此區域新建案太多、鎖定的物件樓層較低等因素，之後再以「比較法」來推估合理房價。

比較法		
比較標的價格	總價 840 ～ 1,050 萬，每坪單價 28 ～ 35 萬	
修正因素	正向因素	1. 屋齡 5 年內 2. 政府未來重點區域 3. 都市規劃整齊漂亮 4. 離舊市鎮、藝文特區近 5. 離高速公路近
	負向因素	1. 離捷運站車程 5 分鐘 2. 建案戶數較多 3. 樓層較低
未來出售價格	840 萬～ 1,050 萬	
相關雜支	25 萬	
利潤	60 萬	
可進場價格	755 ～ 965 萬	

（2）成本法：蓋一間房子，我們首先要了解房地產的成本，建案的成本約為以下：土地成本、營造成本、管銷費用、代銷費用、土建融利息、建商的利潤。在房地產市場景氣好的時候，建商會把預售價訂高於成本很多，代表建商要賺取的利潤較高；反之在房地產市場景氣較不好的時候，建商會比較願意讓利，用薄利多銷的策略來拚周轉率。所以如果有鋼性需求的買方，就可以趁著房地產市場景氣不好的時候，多去看房比價殺價！

成本法計算方式

每建坪公告容積成本 ＋ 營造成本 ＋ 管銷廣告利息 ＋ 利潤 ＝ 預售價

首先我們要先了解附近土地的價格，基本上建商會去跟政府標購土地，就像桃園近期很熱的中路重劃區，在 108 年 4 月 30 號，建商從桃園市政府手上標的土地價格約落在每坪 45 萬～ 75 萬，那我們可以推估，桃園中路重劃區的土地均價約為每坪 50 萬。

標號	區	段	地號	面積（m2）	標售底價（元）	得標人姓名	標得金額（元）	土地單坪價格
1	桃園	中路二	9	6,436.42	1,441,758,080	凱O建設股份有限公司	1,588,900,000	740,496
2	桃園	中路二	296	3,471.48	506,836,080	明O建設有限公司	542,160,000	482,645
3	桃園	中路三	173	1,357.57	179,199,240	春O建設股份有限公司	181,100,060	436,364

桃園中路地區土地使用分區規定

住宅區建築基地面積超過 1,500 ㎡ 以上者，地下開挖率不得超過 70%；未達 1,500 ㎡ 者，地下開挖率不得超過 80%。其建蔽率及容積率不得大於下列之規定：	
住宅區（再發展區）	建蔽率不得大於 50%，容積率不得大於 150%。
住宅區	除安置街廓之建蔽率不得大於 60% 外，其餘建蔽率不得大於 50%，容積率不得大於 200%。
第一之一種住宅區	建蔽率不得大於 50%，容積率不得大於 210%。
第一之二種住宅區	建蔽率不得大於 50%，容積率不得大於 230%。

參考資料：
[中路地區] 土地使用分區管制要點─桃園市政府
https://www.tycg.gov.tw/fckdowndoc?file=/%E5%9C%9F%E5%9C%B0%E4%BD%BF%E7%94%A8%E5%88%86%E5%8D%80%E7%AE%A1%E5%88%B6%E8%A6%81%E9%BB%9E.pdf&flag=doc
土地標售專區─桃園市政府地政局
https://land.tycg.gov.tw/home.jsp?id=247&parentpath=0,4,241

再來，我們查詢此地的使用分區，因為不同的使用分區，會有不一樣的容積建蔽率。此預售案所座落的土地使用分區為：住宅地一之一，容積率為 210%。

我舉例說明，大家應該會更清楚：此建設得標：中路二段 OO 地號、每坪單價 50 萬、此地的使用分區為住宅地一之一，容積率為 210%，也就是說這塊土地容積率可以蓋 2.1 建坪，再加上一些免計容積（陽台、電梯、樓梯、機房等等），公共空間免計容積的係數約為 1.6，所以這塊土地每坪可換得 3.36 坪建坪，那在把每坪土地價格換算回建坪。

依照這塊土地來計算的話，我們就可以得出，

（1）每建坪土地容積成本為：50 ／ 3.36 = 14.88 萬／坪

（2）營造成本：依照基地面積、以及使用的建材來推估營造成本，每坪約為 12 萬元。

（3）管銷費：通常抓土地成本＋營造成本的 4 ～ 5%

（4）廣告、銷售費：土地成本＋營造成本的 5 ～ 7%

（5）土建融利息：土地成本＋營造成本的 3%

（6）建商利潤：總銷金額的 10 ～ 20%

由此那我們可以推估此間預售屋的建商成本估價。最後再以此類推我們可以再得出，由「比較法」推估的房價為 755 ～ 965 萬、「成本法」推估的房價為 911 萬～ 1,047 萬，待比較過最適合自己的資金條件後，

	每建坪土地容積	營造成本	管銷費	廣告代銷費	土建融利息	建商利潤
預售成本	14.88 萬 ×30 坪 =446.4 萬	12 萬 ×30 坪 =360 萬	（446.4 萬 +360 萬）× 4%=32.2 萬	（446.4 萬 +360 萬）× 6%=48.3 萬	（446.4 萬 +360 萬）× 3%=24.1 萬	總成本（911 萬）×15%= 136.6 萬
預售屋成本	（446.4 萬 +360 萬 +32.2 萬 +48.3 萬 +24.1 萬）=911 萬					
預售屋含建商利潤	預售屋成本 911 萬 + 建商利潤 136.6 萬 =1047.6 萬					

	比較法	收益法
桃園中路 - 預售屋	755 ～ 965 萬	911 ～ 1,047 萬
總結－可出價範圍	755 萬（755、911 萬，兩者取其低）～ 965 萬（965 萬、1,047 萬，兩者取其低）	

那我們就可以採用預估出來的價格，並用談判的技巧去跟建商議價了。

　　總結，由「比較法」推估的房價為 755 ～ 965 萬，「成本法」推估的房價為 911 萬～ 1,047 萬，待比較過最適合自己的資金條件後，那就可以採用預估出來的價格，並用談判技巧去跟建商議價。

估價範例 4：中古屋（屋況需整修）

　　前面講過直接入住的大樓、新成屋、預售屋的估價方法後，這次我

們來估價，屋況差需要整修的房子。

通常購買需要整修的便宜房子，其實你不妨就把自己想成是在地的小型建商，若跟下面這個圖表做一個比對，你應該就可以了解，把一塊未開發的土地或是一批老舊房屋，重新加工後讓土地華麗轉身成新屋的奇妙。

購地 or 老屋重建	申請建照	起造重蓋	竣工使照	銷售	居住
便宜舊屋	室內裝修許可	工班裝潢施工	竣工	銷售	居住

（1）比較法＋成本法：屋況需整修的中古屋，使用的估價法多半跟一般物件不同，因為這種房子是無法直接入住的，所以購入屋況需整修的中古屋，使用「比較法」、「成本法」來推估較合適。

若你買下了屋況需整修的中古屋，你其實就是一個小建商，必需精算成本，才能找出可以購入的價格區間帶！以我近期購得的桃園公寓為例子，讓大家了解需整修的房子的估價方法。實際案例分享如下：

一間位於桃園市區、屋況老舊的 27 坪＆4 樓公寓，附近的公寓行情，單坪售價約 12 ～ 13 萬，總價區間帶約落在 300 ～ 400 萬之間。

若用「比較法」估算便可得知，這間中古屋的市價約落在 300 ～ 400 萬之間，經過「比較法」正向因素及負向因素修正過後，推得我們這間房子的正常價格約落在 330 ～ 350 萬。那麼我們就用這個價格下去回推購屋的各項成本，推算出我們可以進場的價格。

（2）成本法：買下必需花錢整修的中古屋，你思考的模式就要跟做生意一樣，就如同你開餐館，買菜時應該會先想到，每買下一顆高麗菜，可以炒出幾盤青菜，做多少生意？那我們接下來要推算，若用「成本法」推算，每坪得花多少錢買下，才算便宜。

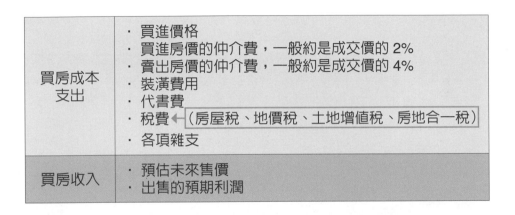

買房成本 支出	・買進價格 ・買進房價的仲介費，一般約是成交價的 2% ・賣出房價的仲介費，一般約是成交價的 4% ・裝潢費用 ・代書費 ・稅費 ← （房屋稅、地價稅、土地增值稅、房地合一稅） ・各項雜支
買房收入	・預估未來售價 ・出售的預期利潤

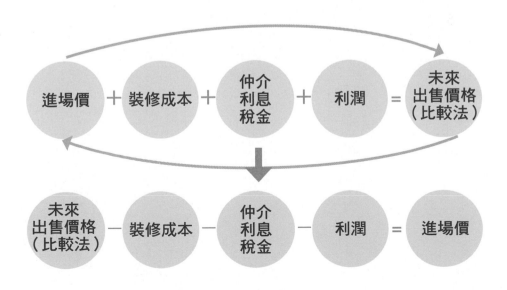

待評估過後，我們可以購入的價格約落在 295～245 萬，如果你買在 295 萬，那你等於是沒有利潤，如果購入的價格越低，那你的利潤就會越高！詳情請看以下估算：

	未來出售價格（比較法）	裝修成本	仲介費、代書費、稅金	利潤
成本	300～350 萬	30 萬	25 萬	0～50 萬

比較法 + 成本法		
比較標的價格	總價 300～400 萬，每坪單價 13～15 萬	
修正因素	正向因素	1. 生活機能完善 2. 房市需求量大 3. 屬商業用地 4. 附近有塊空地，預計會有建商進駐推新案 5. 距離交流道較近
	負向因素	1. 屋齡較高 2. 裝潢預算較高 3. 臨路巷子較小
未來出售價格	330 萬～350 萬	
相關雜支	55 萬 (裝修 + 仲介費 + 代書 + 稅金)	
利潤	50 萬	
可進場價格	225 萬～245 萬	

估價範例 5：中古屋（隔成套房收租）

如果今天是購買老舊的公寓來做成套房收租的話，那就要用「收益法」以及「成本法」來做估價，我拿實際在桃園的案子來跟大家做分享。

收租型套房的估價方式較為特殊，因為收租型套房屬於小眾市場，與一般隔成三房兩廳的大眾格局不同，所以這種估價方法要改用租金投報率的方法來推算，結果才會比較合理。

此外，要先了解這種產品在市場上的投報率有多少，若以大桃園地區來說，桃園區以及中壢區的租金投資報酬率約 7 ～ 8%，新北市約 3 ～ 4%，台北市則有 2 ～ 3%，接著就舉個實例為大家做解說。

近期購入桃園的某間公寓，一開始就已經設定好此間房子的用途就是隔成收租型套房，在買下這間房子之前，首先要了解該物件未來的市場定位以及市場價格，若用未來收租型的市價來回推這間房子的買價，我建議先用「收益法」來試試看。

（1）收益法：該物件坪數 36 坪，可規劃成 5 間收租型套房，平均每間每月可收租金 7,500 元，每年的租金總收入是 45 萬。若使用「收益法」來估算，公式為年收總租金 / 租金投報率 = 未來出售的價格。可得出以下結果：

在目前大桃園地區桃園區 & 中壢區的公寓型收租套房的租金投報率，在市場上賣的物件，租金投報率約落在 5.5 ～ 7%，這個物件年收總租金為 45 萬，用 5.5 ～ 7% 的投報率來換算總價。

最後，用「收益法」推出了總價區間帶後，我們就可以抓出售價約落在 640 ～ 800 之間，那我們就用保守的 7% 投報率來回推未來出售的

總價約落在 642 萬，在用成本法來回推我們要用多少錢買進此物件。

	年收總租金 45 萬		
	7%	6%	5.5%
總價	642 萬	750 萬	818 萬

（2）成本法：決定要將這個中古屋隔成多間套房出租，那我們接下來若採用「成本法」來推算，每坪得花多少錢買下，才算便宜？

推算可進場的合理價為預估未來售價—買房成本支出—預期出售利潤＝可進場價格。依照套房的行情，大約每間隔間套房的成本為每間套房 35 ～ 40 萬（視屋況而定），我們要把這間套房隔成 5 間套房，我們需要約 180 ～ 200 萬元的裝潢成本。

買房成本支出	・ 買進房價的仲介費，一般約是成交價的 2%
	・ 賣出房價的仲介費，一般約是成交價的 4%
	・ 裝潢費用
	・ 代書費
	・ 稅費←（房屋稅、地價稅、土地增值稅、房地合一稅）
	・ 各項雜支
未來出售的價格	・ 預估未來售價
利潤	・ 年收總出金收益
	・ 出售的預期利潤

	未來出售價格（收益法）	裝修成本	仲介、代書費	稅金	利潤	可進場價格
成本	642 萬	180 萬	30 萬	10 萬	0 ～ 50 萬之間	400 ～ 350 萬

利潤空間	0 萬	30 萬	50 萬
購入價格	400 萬	370 萬	350 萬
每坪單價	11.1 萬／坪	10.2 萬／坪	9.7 萬／坪

最後，評估過後，我們可以購入的價格約落在 400 萬以下，如果你買在 400 萬，那你等於是沒有利潤，如果購入的價格越低，那你的利潤就會越高！

議價、談判的必殺技

當你走完了物件的各項評估工作之後，接下來就是你跟房仲之間開始進行談判的時候了！請記得在出價前，一定要收集好談判籌碼，再視情況來決定是否出價！千萬要沉住氣，眼觀四面耳聽八方，貿然出價只是推坑讓自己跳……。

如何掌握談判議價的籌碼？

每次看完房子，我一定都會詢問業務幾個問題，得到答案後，我才會評估是否要出價？因為出價是一門藝術，亂出價只是容易讓房仲把你列為拒絕往來戶，所以出價前，你一定要想清楚、準備齊全，隨時視情況來決定下一步的動作！至於我通常會問業務的問題則是：

Q1. 這間房子賣多久了？

每次我看房子的時候，都會先跟房仲問一下，這間房子賣多久了，以及為什麼這一間賣這麼久的原因，最後在回歸到四字訣「地、環、屋、價」的哪個因素，導致房子賣不掉。如果是可以透過後天改變導致無法順利賣出的（例如屋況不好、格局不好、價格太高……），那就大膽出價吧！

Q2. 房子有無重大瑕疵（例如凶宅、海沙、輻射）？

現在的房仲業務都會在賣屋前幫你調查好該物件是否有重大瑕疵，基本上，若看到壁癌漏水的房子請務必提高警覺，因為這極有可能是海砂屋。此外，在看房子時，也記得要看看公共區域（例如梯間、頂樓、

地下室……），因為有時候，屋內情況已是屋主經過包裝後的結果，買家根本無法看到房子實際真正的問題。

Q3. 土地的使用分區？

台灣的都市土地使用分區分成好幾類，例如「商業區」、「工業區」、「住宅區」。每一種土地的的作用都不一樣，像是商業區常被拿來當作公司登記，工業區土地可以蓋工廠。

我們要特別注意「乙種工業用地」，因為我們常常會發現乙種工業用地拿來蓋一般的住宅使用稱之為「工業用地的住宅」，在都市計畫法的規定內，工業用地照道理講只能作為工業用途，例如可以蓋廠辦、蓋工廠，但不得蓋住宅。至於工業用地可以區分為甲種、乙種、丁種，甲種是屬於重污染建築用地，乙種屬於都市計畫內之輕污染建築用地，丁種則是都市計劃外之輕污染建築用地。

市場上存在的工業住宅絕大部份屬於「乙種工業用地」，且都是在都市計劃內的土地，所以在實際使用上幾乎與「一般用地」的差異性不大。有些建商將乙種工業用地規劃為一般的住宅建案，因為工業用地的土地取得成本比較低廉，建案單價也會比鄰近一般住宅行情低，但是通常乙工住宅在辦理銀行貸款時候，額度會偏低，購屋者需要準備多一點自備款。

乙種工業用地的住宅，從外表上我們無法分辨，所以要購買前，一定要先問清楚土地的使用分區，以免買到自己不想買的房子。

Q4. 該物件可向銀行貸到多少錢？

這個問題非常的重要，如果你是自備款抓的剛剛好的人的話，記得

在簽下斡旋書之前，一定要附加「如果該物件無法向銀行貸款八成，此合約做廢」的附約。

我有一個朋友，就是因為這個條約，讓他免於百萬以上的損失，在他看房子的初期，他還不懂的房子的估價，加上又被仲介慫恿來簽斡旋……，只是幸好就在他準備簽下斡旋書時，心裡忽然想起我跟他說過的話──在斡旋書上加擬附約**「如果該物件無法向銀行貸款八成，此合約做廢」**的條件，那個仲介態度忽然大轉變，因為我朋友出的價格真的是高於市場行情，但仲介為了成交卻不明說房子的合理價，倒是因為這個附約，成功保護了朋友不致受騙上當。

所以，你若是買房新手，筆者十分建議你使用這個方法來保護自己唷！

出價是一門藝術，面對房仲別亂喊價

記得我一開始全心只想買到房子，所以在看完房子之後就急著開口出價，但後來我慢慢發現，願意報物件給我的仲介卻越來越少，幾經打聽後方才發現，原因就在於我實在太常出價了！

有一次，仲介帶我去看一個物件，屋況很好，屋主急著賣房子變現，房仲跟我說：「屋主很急著賣，所以叫我出個價錢，他好去跟屋主談價格！」

倒是我並不急：「這個屋況很好，一卡皮箱就可以立即入住了，這種房子不會是我們投資想要買的物件阿！」

房仲說：「沒關係，你就出價，我再去談啊！」

我說：「那我算一下（拿出手機算了算），那我出價 250 萬（據了解市價是 350 萬）。」

房仲搖搖頭:「陳先生,你提這種價格,屋主是不可能賣的!」後來,這個房仲似乎也不太願意報新物件給我,一開始還不知道,只覺得這個仲介跟我的聯絡好像變少了,只到後來透過共同的業務朋友私下聊起方才明白,原來這個房仲常在背後批評我,還請他的同仁不要再帶我去看房子,原因就是─我總是亂出價!

聽到這邊我方才恍然大悟,原來太常出價也會導致仲介不再願意跟你往來!我也因此徹底了解原來出價也是需要技巧,更是一門藝術,雖然我真的很想要買到房子,但是也要忍住不能亂出價,否則每一次出價,都很有可能會損失一位房仲朋友!

有一次,A房仲打電話跟我說:「有一個物件,屋主是一個退休教授,他急著要賣屋換現金,你要不要來看一下?」待我到現場評估過後,整體屋狀真的很不錯,也是自住客可以直接入住的,我當下心裡想著,這搞不好又是一個想藉著急賣來誘使我出價的一個房仲,我這次絕對不會再上當了!

我穩下心情回答:「屋主開價多少錢?有多急著賣?賣多久了?可看一下謄本嗎?」

房仲回應:「屋主是一個教授,他急著賣,只要出價他都可以接受!謄本給你看!」

我接著說:「那他總有給你一個底價吧!他底價到底想要賣多少?」

房仲表示:「屋主開的底價是 600 萬(市價 570 萬),價格確實偏高,所以你可以給我你的底價,我再去幫你議價。」

我看了一下謄本的他項權利,這個屋主也沒有跟銀行貸款,一副不缺錢的樣子,加上又已知道屋主的底價,於是心裡想著:「這個屋主開

出的底價根本高於市場行情，他想要把房子降價急售的意願肯定不高，我現在若出價，根本就是在打壞我跟房仲的關係！」

想清楚之後，我於是跟仲介說：「好的，那這個物件，我們需要跟團隊評估一下，我可能要晚一些才能給你答覆。那我們最近買的物件，我們有下斡旋三間，其中已有一間要談成了，那我們的買進價格每坪約落在 10 萬以下，那這一間，我覺得我們團隊通常會因為價格因素而不太願意買。等我們討論出結果之後，我再跟你說！」

之後，我就會找一些屋況的理由，推掉這個物件。

通常我講到這裡，房仲心裡大概就會明白，我是一個有經驗的投資客，而非不懂行情沒經驗的買方，用這樣的方法來談判，不但可讓房仲了解我們是有經驗的買方，再來也不會傷了房仲朋友的心！

當場出價有眉角，Apple 物件自動送上門

很多人問我說：「那如果不能出價，那到底什麼時候是出價的好時機？」當房仲把你定位為一個經驗成熟的投資客，基本上你們就會有一定的默契，他也會帶你看低於市場行情的好物件。

但若有以下情況，你倒是可以大膽考慮出價，例如屋主開價低於市場行情、謄本的「他項權利」顯示屋主近期有新增貸款、屋主有借二胎、屋況很差等。再加上房仲朋友已經表明說：「這個屋主真的想以低於市價行情的金額賣出，所以成交價的部份我會努力去幫忙說服。」

此時，我就會試著把心中期望的價格跟房仲透露，並且跟他明說，若有商議到適合我的進場價格，事成之後我一定會房仲吃一頓大餐，並且額外送他一份大禮，藉此鼓勵業務幫忙促成！

事情發展至此，房仲朋友心中肯定也明白你是來真的，雖然你出的是適合投資的價格，但是在房仲心中，你無形中晉升為他的 A 咖客戶了！

表明消費意圖，自住或投資，結果大不同

在我還是菜鳥一隻的時候，我因為對房仲市場並不熟悉，所以我向來都是說實話，出價時都直接明說：「我想要買房自住。」結果，房仲朋友帶著我去看的，往往都是高於市場行情、屋內百萬裝潢的物件，後來我覺得，這些美美的物件對我而言實在不太妥當，因為我的目的是投資，買下低於市場行情的房子才是我要的，整個策略跟方向已然偏離航道許多……。

後來，等到我也看了五十幾間房子後，我跟當時的前輩請教，如何才能讓房仲介紹有利潤的 Apple 物件給我？

前輩了解我的狀況後回答我：「下次請直接跟房仲說，你就是投資客！房仲通常都會喜歡投資客，因為投資客下手通常都很快！」之後，我開始跟房仲說：「我是一個投資客，專門找屋主急售且開價低於市場行情的房子，屋況差一點沒關係，只要價格便宜，沒有重大瑕疵，結構健全，不管價格，我們全都願意收！」

後來，成交情況終獲改善，我這時也才恍然大戶，原來房仲朋友對於投資客與自住客的帶看模式，確實差很大！在此之前，房仲把我當作自住客看待，所以推薦給我的物件多半是裝潢美輪美奐，甚至是一卡皮箱便可入住的的房型。而且因為買家是自住客的關係，房仲通常報給自住客的價格，多半會較高。反觀自從我表明是投資客的身份後，房仲對我就會開始比較講實話，像是底價、成交行情、屋主狀況、之後出售規劃等，整個方向跟策略徹底大轉彎。

其實，如果是要買房來投資的朋友，不妨直接跟房仲說明你是投資客，會得到很多不一樣的特殊待遇喔！

雙方見面議價談判，加價一次比一次少

房地產買賣因為牽涉金額龐大，所以當買賣雙方屬意的金額已經很接近時，房仲業務會看出雙方搓合出成交價的時機已然到來，這時，仲介就會安排雙方直接碰面聊聊，看看可否討論出一個合意的成交價。

記得有一次，房仲報了一個屋主急售的 Apple 物件給我，房子位於桃園國際路附近，是一個中古公寓，市價約 350 萬，屋主開價 290 萬，確實低於市場行情，而我通常一聽到這種物件上門，心裡的 Apple 雷達便會開始鈴聲大　，於是二話不說，趕緊到現場看一下屋況跟格局，也在第一時間請銀行估貸款，確認沒問題之後，就立即下 180 萬的斡旋去卡位。此時，仲介跟我說：「你提出的這個價格跟屋主想要的實在差太多了，真的很難談！若想約雙方碰面，你一定要加價，否則我不願意約屋主出來！」

我回答他：「若屋主願意出來談，我會再加一點！請你也要幫忙努力一下……」而我之所以願意加碼，原因是我已請銀行估價，知道這間房子若成交 250 萬，銀行同意貸款八成，也就是我只需在 200 萬以內成交，待房子過戶後，我甚至可向銀行申請全貸（即是增貸）。

也因為屋主真的是急售，所以就在當天下午，房仲朋友便把屋主約到房仲店內議價！

我開門見山地說道：「我加碼 10 萬，總價 190 萬，你幫我努力看看……」而最後，經過房仲的一番說服，大家也都希望我再多加一點，

於是我最後讓步：「那我再加3萬，總價就是193萬，請你再努力一點！」之後，經過房仲業務的一番說服，屋主最後同意195萬成交，距離我心中的底價200萬，還少了5萬元！我想說的是，其實在雙方談判加碼的過程中，大家務必要記得加價的價格區間要一次比一次少，這是要讓對方明白你這邊實在已是加無可加，而這也是一個談判議價時的關鍵訣竅。

「中古屋」頭期款動用越少，撿好康機會越大

銀行的估價通常偏向保守，因此有些仲介會用「銀行估價 xx 萬」來說服買方，屋主提出的價格真的很便宜。但是問一個問題：買低於銀行的估價真的便宜嗎？

答案是不一定，因為銀行給的估價常會因為各種因素，如銀行業務的業績、銀行喜愛承做的房地產種類、房子行情區間等而變動。我在幫物件做估價時，通常都會多找幾家銀行來估價，在多家銀行中的估價取其平均值，這才是該物件真正應有的價值！

很多人都會問我，資本利得就是要買便宜，那到底怎麼樣才叫做買便宜呢？

其實，買便宜有一個非常直觀的概念，就是出的錢越少，那就越趨向買到便宜；也就是說，你購屋所需投入的頭期款越少，代表的是銀行認定這間房子的價值是高的，它們願意提供相對較高的貸款成數給你；反之，頭期款出的錢越多，那代表房子可能進價成本偏高了（前提是排除重大瑕疵、結構瑕疵的房子）。

用投資的角度來看，買賣價差獲取資本利得，那當然就是要盡可能

地讓自己取得便宜的價格。但是，動用的頭期款少，並不代表這間房子就是會賺錢的物件，很有可能是這個房子屋況很差、結構有問題、出現漏水甚至是有惡鄰居等問題，如果你買下了，卻又無法解決後續必須面臨的問題，那麼即便以很便宜價格買下，那也是無法透過這間房子來賺到資本利得。

下面這個例子，就是我曾遇過的實際例子。

在桃園八德區的廣豐商圈旁有一間透天的物件，因為屋主準備移民，所以想把房子快一點賣掉變現，原本市價 600 萬的房子，他的開價就是 500 萬。當天晚上，仲介特地來找我，並且表示屋主願意用 450 萬成交，房子送到銀行做鑑價，結果是可用 500 萬，貸款 8 成，換言之，購屋者只需拿出成交金額的 2 成來當作頭期款即可。

如果今天房子市價 600 萬，銀行鑑價落在 500 萬，但購入金額卻落在 700 萬，即便可以貸款 8 成，那也代表這間房子可以貸款 400 萬（500 萬 *0.8），那頭期款就需要準備 300 萬，那麼這間房子並沒有買到低於市場行情，那這間房子就很難透過買賣來獲取資本利得。總之，當你了解動用的頭期款現金越少，越傾向買便宜的原則後，你可以用這個策略來幫助自己買到便宜的房子。

有一次週六，我接到一通房仲打來的電話，他跟我說：「我這邊有一個屋主的物件要急售，價格好談，目前開價是每坪 11 萬（市價 12 萬）……」通常一聽到這樣的資訊，我的 Apple 雷達就會鈴聲大　，於是，我立即撥空跟房仲相約去看房子。而果不其然的是，在看完房子的當下，我就立即下斡旋卡位了，但因為當天是週六，無法及時請銀行估價，而為了確保自己是真正買到便宜的好物件，所以我要求必須在斡旋

的合約書上簽屬附加條款，條款上註明：「如果此間房子無法順利貸款到 7.5 成，此約視同作廢。」

用這樣的方法，可以確保自己買到便宜好物件的優勢，但房仲朋友通常不太希望簽這個條款，畢竟大家都希望盡快成交，不要節外生枝。

「預售屋」自備款少，不代表你買便宜

先前已跟大家分享了在一般中古屋準備頭期款的方式，以估算頭期款的成數比較適用，接下來我想跟大家聊聊有關預售屋自備款的問題。相信大家一定都看過預售屋的宣傳行銷手法，例如「只需 10 萬元自備款，即可入住。」乍看之下，還真的會讓人認為只需準備一點點錢，你就能買到新家了……。

其實嚴格說來，自備款的多寡並不太適用於預售屋的評估模式，因為預售屋的消費型態是，讓一次性的頭期款分 2 年 24 期來支付，建商多半也會在接近完工的時候找銀行配合，以貸款 9 成的手法，讓消費者認定自己確實買到便宜好屋了……然而這一切都只是錯覺，千萬別上當了。

我有一個朋友小珍，他在台中的西屯買了一個預售屋，他跟我說：「為什麼中古屋貸款只能貸款 8 成，預售屋轉新成屋的時候，卻可以貸款到 9 成？」我就請他把謄本借我看一下，發現他的貸款中，有分成兩個抵押權人，一個是銀行，第二順位為建商的相關企業。

建商有時候為了成交，讓消費者無痛買房，所以把貸款成數拉高到接近全額貸，那是因為建商自己也跳進來借錢給消費者，促進建商的預售屋銷量。

募資的祕訣

如同行銷一般，募資很難獨自存在，通常需要有一個標的物，才有辦法繼續行銷與業務的推廣。我自己的募資心法是 Imb（I'm Brand），就是將自己當作是品牌經營者的角度來看待，至於這個品牌則包含以下兩大面向，一是產品，二是經營者。

募資＝行銷

在對方心中建立品牌形象＝獲得信任感

有一次在幫學員上課，席間有學員問我：「房地產要如何做募資？」這個問題讓我思考了許久，因為這個牽涉面向非常廣，確實不容易回答。

我自己向來有一個募資心法，**包含以下兩大面向，一是產品，另一則是經營者**。我舉一個例子來跟各位解釋，相信大家應該就會了解：

你有一筆資金想要投資某個公司，通常我們會先看看這家公司是否具備競爭力？未來的獲利能力如何？接下來，再進一步評估公司經營者是否正派，答案若是的話，投資意向相信肯定會更高。

那將這個準則放進房地產的募資裡，模式也一樣，**經營者是其一，房地產本身則是其二**。所以你不妨想像一下，你就是 Apple 創辦人賈伯斯，現在正在進行一場股東會，台下的觀眾就是你潛在的股東，賈伯斯對於 Apple 的技術與智慧型手機的未來展望相當有信心，於是透過一次次的演說與溝通，希望說服台下的潛在股東們買下 Apple 的股票，藉以籌措到更多資金，協助公司發展順利。

現在，你就是房地產界的賈伯斯，你對房地產有著獨到的眼光與技術，專門解決房地產的各種疑難雜症，每一間房子都是一顆顆蒙上灰塵的鑽石，需要透過你的眼光與技術把它們變成漂亮璀璨的鑽石。但在這個過程中，你需要資金來運作，於是你透過各種行銷與推廣方式來說服大家……，也就是說，你的獨到眼光與專業技術，讓這個鑽石重新找到並發揮應有的價值，你也從中獲得應有的利潤！

投資人評估投資與否的三大面向

　　募資就如同企業在規劃企業籌資，要怎麼樣才能獲得投資方信任，願意投入資源，這就是募資所要達到的最終結果。但在這個過程中有很多環節需要注意跟探討！

　　首先，我們必須換位思考，假設：你手上握有資源，現有 A、B 兩家公司要跟你進行募資，你會怎麼分配手上的資源？你肯定會把資源投入到經營績效較好的公司吧！

　　那我們接著思考，一位投資方他會評估的面向是什麼？通常，我會把房地產募資評估要件拆成三大面向：**（1）操盤人；（2）產品競爭力；（3）投資人的保障**。以下依照我自己的實際操作經驗，為大家歸納了幾大面向：

投資人評估投資與否的三大面向

專業操盤人評估	1. 房地產行情熟悉程度 2. 房地產的法律規則 3. 房地產的稅法了解 4. 房地產的獲利預期 5. 成功的操作案例 6. 之前操作的獲利經驗 7. 合夥人的資源（代書、建築師、資深房仲、資深投資客⋯⋯）
產品的競爭力	1. 房子的地段、環境、屋況 2. 房子的價格 3. 房子收租的能力 4. 房子的投報率 5. 可出售的價格 6. 產品的優缺點
投資人的保障	1. 保障內容（保本等） 2. 明確分析風險 3. 債權合約 4. 物權保障（第二順位抵押權、預告登記、信託登記等）

成功募資要素 1：標的物 - 產品的競爭力

友人曾問我：「我很想買房子投資，但我真的沒有足夠的資金，怎麼辦？」

我由衷覺得，在房地產的市場中，如果你真的可以找到好物件，其實是不太缺資金的！因為這個社會中不動產在多數人眼中，是有保值、投資價值的產品，在一般庶民社會中，房子也是最通用的債權抵押品，因為在華人社會中，有土斯有財的觀念根深蒂固，房地產肯定是比其他東西還要保值的！

在現代社會中有很多籌措資金的方法，例如 IPO、群眾募資、銀行貸款、青年創業貸款等，這些募資方法多半是找到某個標的物後，投資方評估是否具有價值或創造獲利的能力，若肯定其獲利能力，再將資金注入其中。

房地產就是標的物，你就是專案經理人，透過你的經營技術與能力，為這個標的物創造價值，獲利越多，就越容易得到投資人的喜愛。

而說穿了，那房地產的獲利方法無非就是價差與租金收益，相關細節我在前面幾章都有跟大家分享，怎麼挑出有價值的便宜好屋，**標的物的競爭力高低**是募資環節中非常重要的關鍵因素！

募資要素 2：資金來源

而在了解募資原理後，我們又該如何找尋資金呢？其實，方法很簡單，當然是先從最容易調動的人際脈絡去找……，大家不妨想想看：「自己身邊有哪些金脈可以調動？」我想，自己的存款、政府、銀行、朋友、家人、有共同理念的朋友等。

之後，確定人選了，那麼接下來要思考的就是，他們憑什麼要給你資金？其實，只要是提供賺錢機會，相信任誰都會心動，只是思考的面

資金來源

自己存錢　　親朋好友　　共同理念、投資同好、課程平台

銀行（房貸＋信貸）　　其他……

向可以更寬廣一點，例如細分資金來源，畢竟考量每一種資金來源，你所評估的面向就會不同。

（1）**資金來源 - 銀行**：基本上，一般在募資時，最先考慮的除了親友圈以外，銀行應該是首選也是資金來源最龐大的來源，只是，銀行在撥資金給你的時候，它們通常會考慮什麼？還款能力、物件的價值等，都是關鍵因素，銀行多半從中評估後決定要貸款多少錢給你使用。

再者，銀行評斷一個人的還款能力的要素又是哪些，通常分為以下幾項，例如：薪資收入、存款額度、與銀行往來紀錄、信用還款紀錄等。而貸款人的資格若能獲得銀行認可，那麼銀行就會開始審核不動產抵押品的價值，評估要素像是地段、市價、屋齡、結構、產權、隔局、坪數、自住、投資等皆是。

此外，既已明白如何向銀行搬錢，那麼接下來我們就該思考，如何讓銀行認定我們是一個好客戶！依照我個人的經驗，銀行會評估這個貸款人的相關經歷，例如貸款人的存款金額、薪轉戶頭、目前任職的公司規模、銀行往來頻率、信用等。而在了解銀行固定的授信評估條件後，我們也可在平常便多做一些事情來讓銀行認定自己是一名好客戶，例如：使用銀行信用卡、定期繳交卡費、穩定的收入資金、資金定存單、銀行保險單、成為銀行 VIP 等，墊高自己在銀行授信圈裡的資歷，肯定有好無壞，在此便跟大家分享幾個有用的小秘訣。

（1）盡量使用信用卡刷卡消費，並且每期都繳清所有款項。

（2）你從事的若為收現金的事業（小吃店、Soho 族、服飾店），那就定期把錢存入銀行, 並附上工資收入的註記。

（3）如果有能力，可以購買銀行發行的保單、定存單。

（4）努力成為銀行 VIP，善用籌碼與銀行洽談提高房貸成數，利率

有時也會更好！

　　對於一般市井小民來說，銀行是最有力的資金來源，只要善用銀行資源，就可以節省自己的人生，盡早成為有殼一族！

2 大產品

【房子】
地段、房價、屋齡、結構、產權、
格局、坪數、自住、投資等

【人】
存款、薪轉、保險額度、銀行
來往頻率、培養信用等

銀行

　　（2）資金來源 - 親朋好友、投資同好：向銀行籌措資金的方法大家了解了，那接下來又要怎麼向身邊的親友、投資同好募集資源呢？其實方法也很簡單，就是把你己當做是你要募資的對象，也就是你跟自己募資，想想看你會把什麼因素考慮進來？

　　我曾拿這個問題請教過身邊幾個好朋友，有人表示會「先評估這個物件是否具備獲利空間，接著再評估這個募資者是否有能力與技術讓這個物件達成獲利目標。」而我認為這個大方向是沒錯的，投資人真正需要思考的面向有以下三個：

　　（1）這間物件的競爭力，以及獲利的空間（產品）

　　（2）操作者的能力與技術（操盤人）

　　（3）合作契約的保障（投資人保障）

產品

【房子】
租金報酬率、房子增值性

【人】
房地產專家、實戰經驗、詳細企劃、合作契約保障……

投資同好、同理念者、學員平台

募資實例 1：IKEA 公寓

以下這個案子，是我成功募資透過銀行 & 投資人順利募資到 500 萬的案子，當時我準備了以下資料：（1）房屋謄本；（2）房屋基本資料：坪數、樓層；（3）實價登錄資訊；（4）未來規劃可收租金；（5）租金投報率；（6）可出售的價格；（7）未來出售的可行性分析；（8）最大風險分析；（9）出售後可獲得的總利潤分析。

某天早上，仲介打電話跟我說，有位屋主因為兄弟們要分家產，所以有房屋要急售，請我過去評估看看，也因為我對那個地區的行情、出售的獲利區間都已嫻熟於心，所以在看過物件後當場即便直接出價 200 萬，最後更以 230 萬成交。因為屋主急售，所以沒有碰面談，直接談好價格就到房仲店簽約，接下來就是進入募資的階段。而說起這個物件，其實有幾個重點需要特別注意：

1. 物件特色

（1）Why- 為什麼要買此案：此物件屋齡 25 年的 4 層樓公寓，建

坪 27 坪，樓層是 4 樓，該區目前的行情價是每坪 13.5 萬，我購入的成本金額是每坪 8 萬，銀行估價 290 萬。物件地點距離中平商圈車程 1～3 分鐘，旁邊有愛買、IKEA；學區則有武林高中、中興國中、文山國小，加上鄰近桃園市政府，上國道 2 號交流道也只需 5 分鐘車程；旁邊還有百坪公園預定地，住家附近商圈有大型品牌店家進駐，生活機能十分便利，未來可以出租在附近商圈工作的上班族，條件極好。

（2）When- 時間規畫：預計 2018 年 5 月購入，2018 年 7 月動工，同年 10 月完工後即開始招租或開賣。

（3）Where- 地址：附近有四條主幹道：中山路、國際路、文中路，區位非常熱鬧，但卻又鬧中取靜；旁邊有許多校區：武林高中、中興國中、文山國小等，可說是十分吸金。

2. 客群目標

目前鎖定的客層有兩個方向，若我想當房東，那就是買下整理後租人，所以我的客群是租客（商圈上班的上班族）；或是我想整理後再轉賣，那麼我的客群就是投資客（想自住或當包租公的人）。所以，此物件的募資重點人物是：物件主持人、出資金人、物件名義人。

3. 優劣分析

（1）優點：此物件建坪約有 27 坪，規劃成 5 間均有對外窗的小套房，每間約 5 坪，預計每間月租金約 7,000 元，租金年收約 42 萬元。若以約 7% 的投報率出售，我可開價 620～580 萬之間。加上取得價格低，地點良好，室內格局方正，三面採光，非常適合隔成套房做為出租屋獲利。

（2）缺點：附近有一間寺廟（應為最大抗性），屋齡相對較高，旁邊有政府的監獄矯正署。

4. 目標、時間管理

（1）整理屋況：預計 2018 年 5 月以 230 萬代價購入（包含所有雜支，預計每月支出的貸款金額），2018 年 7 月重新裝潢，動工前必須確認工班師傅、每個月工程進度規劃、裝潢風格、預估費用、家具款式等，同年 10 月完工（這時必須預估租金收入及貸款支出等項目）。

（2）開始獲利：2018 年 10 月開始招租或開賣，預計售價 600 萬，委託給桃園區附近房仲公司，若過了 3 個月尚未賣出，我會打算再降價（底價的 10%），結案後依投資金額比例分配利潤給合夥人。至於整個物件的財務計畫分為兩大項：

一是成本，總計約 470 萬（包括銀行貸款 180 萬，自備款 50 萬，工程款 180 萬，申請裝修許可 10 萬，代書潤筆費 2,000 元，仲介費 30 萬，稅金 20 萬）。

二是獲利，若出售，預計的租金報酬率約 7%，售價估計可落在 540 ～ 580 萬之間，實際利潤可有 70 ～ 80 萬左右。

募資實例 2：大同西路中古屋

這個實例，也是我成功募資 540 萬後接下的案子，記得我當時準備了以下資料去跟募資對象溝通：（1）房屋謄本；（2）房屋基本資料：例如坪數、樓層等；（3）實價登錄資訊；（4）未來規劃可收租金；（5）租金投報率；（6）可出售的價格；（7）未來出售的可行性分析；（8）最大風險分析；（9）出售後可獲得的總利潤分析。

1. 物件特色

（1）Why- 為什麼要買此案：此物件屋齡 30 年的 5 層樓公寓，建坪 36 坪，樓層是 3 樓，市價每坪 13 萬，我以每坪 10 萬的價格買下，此物件銀行估價約 390 萬。此物件地點距離縣政府車程 1 ～ 3 分鐘，旁邊有百貨公司、火車站、省道生活機能極好，旁邊有學區武林高中、正聲高中，附近靠近火車站，上國道 2 號交流車程 5 分鐘，住家附近商圈有大型品牌店家進駐，生活機能非常的方便，此案可以出租給商圈的上班族，報酬率極佳。

（2）When- 時間規畫：預計 2017 年 5 月購入，2017 年 7 月動工，同年 10 完工後即開始招租或開賣。

（3）Where- 地址：附近有四條主幹道：中山路、國際路、文中路，此地區非常的熱鬧，鬧中取靜。加上鄰近知名學區：武林高中、正聲高中等都在附近。

2. 客群目標

目前鎖定的客層有兩個方向，若我想當房東，那就是買下整理後租人，所以我的客群是租客（商圈上班的上班族）；或是我想整理後再轉賣，那麼我的客群就是投資客（想自住或當包租公的人）。所以，此物件的募資重點人物是：物件主持人、出資金人、物件名義人。

3. 優劣分析

（1）優點：此物件價格低，地點好，格局方正，採光極佳，建坪 36 坪，可規劃成 5 間均有對外窗的小套房，每間套房約有 6 ～ 7 坪左右，走道約 2 坪多，預計每間月租金約 8,000 元，租金年收約 48 萬元。此外，

未來預估有 7% 的投報率出售；若出售，價格約在 650 ～ 680 之間。

（2）缺點：附近有一間寺廟（抗性），臨路較小，屋齡相對也較高。

4. 目標、時間管理

（1）整理屋況：2017 年 6 月重新裝潢，動工前必須確認工班師傅、每個月工程進度規劃、裝潢風格、預估費用、家具款式等，同年 9 月完工（這時必須預估租金收入及貸款支出等項目）。

（2）開始獲利：2017 年 10 月開始招租或開賣，預計售價 600 萬，委託給桃園區附近房仲公司，若過了 3 個月尚未賣出，我會打算再降價（底價的 10%），結案後依投資金額比例分配利潤給合夥人。至於整個物件的財務計畫分為兩大項：

一是成本，總計約 600 萬（包括銀行貸款 288 萬，自備款 72 萬，工程款 180 萬，申請裝修許可 10 萬，代書潤筆費 2,000 元，仲介費 30 萬，稅金 20 萬）。

二是獲利，若出售，預計的租金報酬率約 7%，售價估計可落在 650 ～ 680 萬之間，實際利潤可有 50 ～ 80 萬左右。

募資的正向循環

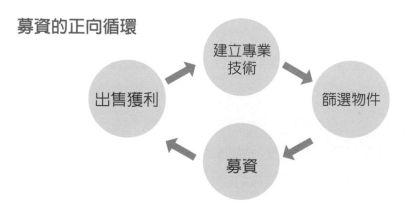

第六招

「無需頭期款」的搬錢買房心法

中國武術向來就有「借力使力」的訣竅，而若將這個心訣用在投資上面，那就是「用錢賺錢」了。畢竟能夠在不動用現有本金，卻能夠向外謀得利息很低甚至是沒有利息的錢來幫自己賺錢，何樂而不為？接下來，就請大家聽聽我的親身實例。

去銀行搬錢，準備第一桶金並不難

我有個朋友，工作經歷四年多，月薪約 4 萬，勤勉至今卻始終無法存到錢，但他倒是一直有個心願，就是投資房地產。他曾經問過我，表示「自己工作四年多，身上卻僅有 20 萬的存款，這樣的實例可以跨足房地產投資嗎？」我老實回答他：「不僅可以，而且綽綽有餘！」

倒是他不太相信，但卻又感覺好像看到救星一般……，於是我接著說：「首先，你目前既缺資金也缺物件。現下情況正如同剛開始的我，但你跟我最大的不同之處就是「你有工作四年的基礎」。

朋友回我一句說：「工作四年又怎麼樣？我身邊又沒有多少存款！」

我表示：「你的優勢是自己在銀行眼中的角色，這是我在學生時代無法獲得的資源！只要你好好善用，很快就可以買房投資了！」

朋友一聽信心倍增，急著催促我說：「那你趕緊教我怎麼操作，如果我順利買到房子，一定包個大紅包賞你！」

我跟朋友說：「你先想想看，如果你想要做這件事情，你的資金來源管道有哪些？」朋友回答我：「無非就是跟銀行貸款、跟親友借錢、

最後就是動用自己的存款⋯⋯」

最後，我下了一個結論：「那就先從銀行開始搬錢吧，你身上雖然沒有太多存款，但你在銀行眼中已是一個附有價值的客戶，只是看你懂不懂得利用！」

其實在銀行的所有貸款中，我特別喜歡一種貸款，叫做「理財型信貸」或「理財型房貸」，這種貸款的類型屬於「動用才需要利息，不動用就不需要利息」的模式，只要善加利用，相信大家很快就有第一桶金可以運用了！

首先，你先去銀行申請理財型信貸，你可以跟銀行表示自己最近需要一筆資金，所以要申請這個理財型信貸。只是在申請這個理財型信貸時，需要注意以下兩件事：

（1）別跟銀行明說辦貸款來購屋

（2）貸款額度約落在年利率 4 ～ 6％（理財型信貸比一般貸款的信貸利率高一些）

通常理財型信貸的額度約是薪水的 22 倍，假如月薪 4 萬元，你可以先從銀行調出約 80 萬的預備現金額度，與其他的信貸比較，理財型信貸的優點是：如果沒有需要動用到資金，不用付任何一塊的利息錢。

承上面的例子，我接著跟朋友說：「你手邊已有了一筆可動用的 80 萬資金，若以 6％的年利率來計算，每月平均需支付 4,000 元利息，若加上你原本已有的 20 萬存款跟這筆 80 萬的貸款額度，你有 4 年的時間可以進行房地產投資，但是事實上，可以透過合作，你完全無需動用自己的任何一毛錢就可以進行房地產的投資了！」而經過了半年多的努

力，他還真的買到了一間 250 萬的 2 樓公寓，市價約 360 萬，他當時趕緊動用他的理財型信貸，申請約 60 萬當做頭期款來買房，之後他拿著合約書來找我，我看了一下，發現他買的這間房子不論是價格、地段都非常具有競爭力！我於是進一步鼓勵他，何不拿著這個物件，去市場上找尋投資人來合作。

而我鼓勵他的原因是，透過這半年的開發物件，我感覺他對於評估地段、預估獲利、評估市場行情等都瞭若指掌，而當然了，他也確實不負眾望，很快地便成功募集到 110 萬的資金—他先去償還 60 萬貸款，再用 50 萬將房子重新裝潢。之後再拿出來賣，經過 2 個月的努力，最後以 370 萬的代價賣出，獲利逾 70 萬元，換句話說，透過這次的募資，他的個人資產瞬間翻倍！

而更重要的是，在整個過程中，他完全沒有使用到他自己原本的 20 萬存款，獲利了結後，他不僅請我吃大餐，更守信用地包了一個大紅包給我當做答謝！

善用保單，增貸沒問題

其實除了利用銀行貸款以外，保單也是一個搬錢的好管道，就看你會不會用？以下這個也是我親身經歷的案例，提出來跟大家分享：

有一次我幸運地找到一個很便宜的房子，屋主開價 360 萬，而市場行情價約為 420 萬，看起來還不錯，但美中不足的是銀行評估後竟只願貸款 7 成給我，我等於必須準備 108 萬的頭期款。而我當時還在服兵役，服役期間月薪是 6,000 元……

我分析了一下情況，再次向銀行業務徵詢，這間房子這麼便宜，但

銀行為什麼只肯貸款 7 成給我？

銀行業務員跟我說：「房子的鑑價報告確實可以高於購買價格，所以可貸款到 8 成，但因為你的授信條件不好（正在服兵役，月薪只有 6,000 元），所以銀行擔心你還不出錢來，所以才把貸款成數壓到 7 成！」

我接著回答：「那有沒有其他方法可以解決？」

銀行業務說：「我們公司有推出一個 100 萬額度的房貸壽險，每個月的保費 250 元，如果你未來有個三長兩短，銀行可以優先獲得 100 萬的賠償，如果你再加買這個壽險，我可以向上級申請看看，是否能夠將你的貸款成數調高到 8 成！」

我心裡盤算了一下：「每個月多繳交 250 元便可從銀行多貸個 36 萬出來，等於年利率 0.8% 再加上原本房貸利率 2%，這個是一個多麼漂亮的貸款方案啊……」我當下毫不猶豫地便開口答應加買保險，後來也成功募資到 36 萬的現金！對於一個剛出社會的年輕人來說，這可是必須不吃不喝一整年才能存到的額度，我居然只用了每個月多繳 250 元的方案便成功取得，實在太划算了！

合法結稅，輕鬆賺百萬

繳稅金這檔事就像雙面刃，做得好能幫你省大錢，但若處裡不當，虧錢事小，搞不好還得付罰金呢……，所以，在進行房地產交易時，究竟應該注意哪些結稅辦法呢？請看作者為你一一做分解。

　　某天下午課後，碰上一位學員，他問我：「最近想要買房子，忽然發現台灣有好多房地產的稅的項目，像是公告地價、移轉現值、評定現值、契稅、房屋稅、地價稅、土地增值稅、房地合一稅、二代健保稅、租金所得稅……，真把我搞糊塗了！」

　　我笑道：「因為你把所有東西都混在一起，會搞亂了是很正常的，想了解房地產的稅金，你只要將訊息拆成兩大系統，一切就會豁然開朗了！」我接著跟他說明：「先把房地產的稅金分成持有稅、交易稅兩大系統，這樣一來便可用系統性的方式辨別租金市場了！」

買方與賣方的稅務分析

	買方	賣方
持有	房屋稅、地價稅	X
移轉	契稅	土地增值稅 （新制）房地合一稅 （舊制）財產交易所得稅

房地產 - 持有稅

　　房地產是一個耐久財，使用年限約 30 ～ 50 年，國父孫中山先生在「三民主義」中的主張「照價徵稅」、「漲價歸公」，於 1947 年所制

定的《憲法》第 143 條中，規定對私有土地的持有及出售分別課稅。當一件房地產的持有人，每年必須繳納土地、房子的持有稅，這分別就是地價稅與房屋稅。

稅賦＝稅基 × 稅率

（1）**地價稅**：對持有土地者課以地價稅，那一般地價稅的課稅稅基為「公告地價」，地方政府每兩年會重新規定地價也就是公告地價，若是地主沒有申報地價，則以公告地價的 8 成做為申報地價，這就是地價稅的稅基。

（2）**房屋稅**：《房屋稅條例》第 3 條規定，房屋稅以附著於土地之各種房屋，及有關增加該房屋使用價值之建築物，房屋是固定在土地上的各種建築物，不論是供營業、住宅、或者增加該房屋使用價值的建築物如地下室作停車場等。

房屋稅是依照每一戶房屋評定現值，每年向房屋所有人課徵的經常性稅賦。

土地稅基—公告地價、公告現值

很多人常常會搞混「公告土地現值」與「公告地價」，即使知道這兩個名詞，卻也不見得明白用途。其實，這兩者之間差異很大，金額也差很多。

所謂「公告地價」是指，由政府官方公告各個轄區內各宗土地的價格，做為土地持有人申報土地的持有稅「地價稅」的課稅稅基，原則每兩年會公告一次。依照現行土地稅法規定，政府在進行規定地價時，會先分區域調查最近一年的土地買賣價格或收益價格，依據各街道的市

況、繁榮程度及地價水準，劃分成不同地價區段。同一個地價區段內土地使用的同質性高，不同地價區段間的土地使用則會差異比較大，以此來估計區段內地價，計算土地平均行情，之後提交給各縣市「地價評議委員會」作評議，然後根據評議委員會的結論，核算每一筆土地的單位地價，同時進行為期 30 天的公告，若民眾沒有人提出異議，該核定土地價格將自動拍板定案，成為課徵地價稅的計算基礎，這就稱為「公告地價」。之後便作為土地所有權人申報地價之後，據以課徵「地價稅」的稅基標準。

「公告土地現值」是指，政府官方根據過去一年來，調查轄區內土地「交易」價格動態，分別計算出各區段的價格，做為「土地移轉買賣交易」的價格依據。公告現值每年會發布更新一次，公告現值是設定典權、贈與或繼承，土地所有權移轉時，申報移轉現值的參考，並作為政府課徵「土地增值稅」、「遺產稅」、「贈與稅」、「設定典權」及「徵收私有土地補償地價」計算依據。至於兩者之間的差異則有：

房市好旺角

什麼是申報地價？

當土地所有權人每年要繳地價稅時，政府會請所有權人來申報此筆土地的土地地價，土地持有人所申報的地價，就是「申報地價」。

一般大眾都不太會主動申報地價，政府對於未申報地價之土地持有者，或申報地價不足「公告地價」之 8 成者，則以「公告地價」之 8 成當作申報地價（平均地權條例第 16 條）。也就是說，若土地所有權人沒有去申報地價，政府就會以該處的公告地價的 8 成作做為申報地價。

（1）「公告地價」每兩年公布一次，「公告土地現值」值則是每年公布一次。

（2）「公告地價」跟市價落差較大，大約是土地真實市價的20%，「公告土地現值」則是大約占土地市價的 60 ～ 80%。

（3）「公告地價」是在申報「地價稅」所使用的稅基，「公告土地現值」是土地產權移轉、設定典權時，所課徵的「土地增值稅」的稅基（稅基為：土地帳價總額）。

買方交易稅

在房地產的交易稅中又分為舊制及新制，因為早期的房屋沒有實價登錄，很多房子無法得知當時的成交價格，所以用舊制〝財產所得稅的課稅方法〞。而在釐清「新制房地產交易稅」時，大家必須了解以下幾種稅種，例如房地合一稅、土地增值稅、契稅等，以及在申辦「舊制房地產交易稅」時，也必須徹底釐清財產交易所得稅、土地增值稅、契稅等幾個稅種，以免錯估物件的投資報酬率。

（1）**買方交易稅 - 契稅**：契稅是不動產因買賣、贈與或其他方式移轉時，就契約價格以一定稅率所課徵之稅捐；在法律的條文中規定，契稅是包含房屋、土地的移轉都必須繳交契稅，但對於有開徵土地增值稅區域的土地免徵契稅，所以對於目前大多數地區而言，契稅就是針對房屋部分課徵即可，所以一般所謂契稅多指房屋契稅。而課徵契稅計有以下兩種方式：一是按照房屋的實際移轉價格，課徵契約，二是按照申報當時不動產評價委員會所評定的標準價格來課稅（兩者可擇其低者申報），目前實務上都是採用房屋評定現值當作課稅稅基。

契稅的計算是按照房屋的建物價格，再乘上一定稅率後得出的結果，契稅依各種移轉形式而有不同的稅率，目前契稅的稅率分為三種：（1）買賣、贈與契約及占有為 6%；（2）典權契約為 4%；（3）交換、分割契約為 2%。

但是對於一般大眾來說，應以買賣為最大宗，所以契稅也就是房屋評定現值 *6% 稅率來計算。

賣方交易稅

（1）**賣方交易稅 - 土地增值稅**：就如同其字面上的意義，土地經過一買一賣後，產生出來的價差，這些價差是土地漲價所帶來的財富所得，在國父孫中山先生三民主義中的主張「漲價歸公」的理念下，人民必須繳納土地漲價所帶來財富，這就是土地增值稅。

很多人常常問說：「我買的房地產漲價了，漲價為什麼要歸公呢？」其實「房地產為什麼會漲價？原因就是「地、環、屋、價」（我在前面章節已說明過……），漲價的最大原因是地段，那我們再往下思考，為什麼會有精華地段的產生，這通常都是政府投入大量的社會資源而來，例如捷運、高鐵、公車、商場、公園等大型的都市計畫，也因為這些便利的生活，讓周邊地段的價格水漲船高，所以國父才會提出漲價歸公的理念。」

土地漲價總數額＝申報土地移轉現值－原規定地價或前次移轉時所申報之土地移轉現值 *（臺灣地區消費者物價總指數／ 100）－（改良土地費用＋工程受益費＋土地重劃負擔總費用＋因土地使用變更而無償捐贈作為公共設施用地其捐贈土地之公告現值總額）。但是對於一般的民眾來說，（改良土地費用＋工程受益費＋土地重劃負擔總費用＋因土地

使用變更而無償捐贈作為公共設施用地其捐贈土地之公告現值總額），這個部份是建商才在土地的開發整合才會產生的抵扣額，所以這個部分通常是用不太到的。

至於針對一般市井小民來說，土地漲價總數額可以簡化為：

土地漲價總數額＝申報土地移轉現值－原規定地價或前次移轉時所申報之土地移轉現值＊（臺灣地區消費者物價總指數／100）

房市好旺角

什麼是土地增值稅？增稅技巧有哪些？

土地增值稅可分為一般稅率與優惠稅率，每個人一生當中都有一次自住的優惠稅率，這種優惠稅率稱為「一生一次優惠稅率」，這個是政府給予人民優惠一次的稅率，我比較建議一生一次的土增稅優惠稅率最好用在一間自住逾10年、高總價、漲幅也較高的房子，因為通常一個優質地段的房地產在過了10年後，通常都會有一波為數不小的漲幅，此時使用你一生一次的機會，將會幫你省下一大筆稅金！反之，若買到低於市價的便宜好屋，買入後持有的時間較短，那麼我則建議使用一般的優惠稅率即可，盡量把一生一次的最大優惠，留在價差最大的那一次，肯定比較划算！

土地增值稅的稅基是土地漲價總數額，稅率的部分是採用累進的20%、30%、40%等三級稅率，長期持有土地達20年以上者，另有減徵優惠，對於出售自用住宅用地時，規定有一生一次、一生一屋自用住宅用地的優惠稅率，同時出售自用住宅用地後另行購買自用住宅用地時，原出售時所繳納的土地增值稅若符合一定要件，亦可申請重購退稅。

最後，土地漲價總數額可簡化為：

土地漲價總數額＝申報土地移轉現值－原規定地價或前次移轉時所申報之土地「移轉現值」

換句話說，土地漲價總數額＝你此次要賣的土地的申報「移轉現值」－你買進時所申報的「移轉現值」

所以我們可以最後總結：

土地增值稅＝土地漲價總數額 * 累進稅率值（20%、30%、40%）

土地增值稅＝（次要賣的土地的申報「移轉現值」－你買進時所申報的「移轉現值」）× 累進稅率值 （20%、30%、40%）

對於一般人來說，土地增值稅是很複雜的計算過程，建議可向代書洽詢，並請代書幫你分析自身擁有的優惠條件，提供最專業的試算與推薦，這樣會比較省時省力喔！

（2）賣方交易稅 - 房地合一稅（新制）：如果你的房子在 2016 年 1 月 1 號之後購買的房地產，那你就是必須用新制的房地合一稅制來繳稅。簡單說就是，你賣掉的房地產總價－你買進的房地產總價，若有獲利就要繳交房地合一稅。

房地合一稅＝稅基 × 稅率

稅基（一買一賣的獲利金額）＝賣價－成本（買價）－相關費用－土增稅漲價數額

105.01.01
房地合一實施

103　　104　　　　106　　107

適用舊制
例外：103 年後取得房屋，
105 年後賣出，持有未滿 2
年，適用新制（房地合一）

適用新制（房地合一）
例外：若實施前取得房屋，
且持有超過 2 年，則沿用舊
制

　　那相關費費可以抵扣原則上按實際費用認定，例如：出售房屋及土地支付之必要費用，如仲介費、代書費、房屋不動物的工程款（隔間牆、衛浴、瓷磚等）；但以下項目不得減除：使用期間繳納之房屋稅、地價稅、管理費、清潔費、房貸利息等，不得列為成本或費用減除。

　　假設我們買了價值 1,000 萬房子，再用 1,600 萬的價格賣出，那在這一買一賣之間你獲利了 600 萬，但是當初花了 200 萬的裝潢款工程款（不動物為限）、仲介費、代書費，可以當作相關費用來扣除，再來〝土地的漲價總額〞已在土地增值稅繳交過了，換句話說，在繳交房地合一稅時，便可先將土地漲價的總額當作扣除額來抵扣！

　　房地合一稅的稅率，採用的是時間上的差距，持有某物件 1 年以內者稅率為 45%；持有 2 年以內，超過 1 年稅率為 35%；持有 10 年以內，超過 2 年稅率為 20%；持有超過 10 年稅率為 15%

　　（3）賣方交易稅 - 財產交易所得稅（舊制）：如果你的房子是在 2015 年 1 月 1 日之前買的，那你的課稅依據，是用財產交易所得稅的

方式來做申報，那財產交易所得稅有「核實認定」，以及「財政部公布之標準認定」這兩種課稅方式。

方法一、核實認定

假設當初房屋買 500 萬，現在賣 1,000 萬。〔1,000 萬－ 500 萬－取得房屋之相關必要費用（要有單據証明）〕* 出售時房屋評定現值 /（出售時土地公告現值＋出售時房屋評定現值）

綜所稅申報（上述算出的財產交易所得金額＋其他應報所得金額＝綜合所得總額）－全部免稅額－全部扣除額 *（5%，12%，20% 等個人累進稅率）－累進差額，這就是核實認定。

方法二、財政部公布之標準認定 (無法證明取得成本)

至於財政部公布之標準認定：

財產交易所得＝房屋評定現值 × 依財政部每年公告財產交易所得標準

以客戶 102 年賣掉 1 戶台北市信義區房屋為例，總價低於 8,000 萬且非高級住宅者，未提供原始取得成本，或稽徵機關未查得原始取得成本者，房屋評定現值 100 萬元，今年 5 月綜合所得稅就要申報 42 萬元的財產交易所得（100 萬 ×42%），假設適用綜合所得稅的個人稅率 40%，最多就得繳納 16.8 萬元的稅金（未扣除免稅額扣除額），這就是財政部公布的標準認定。

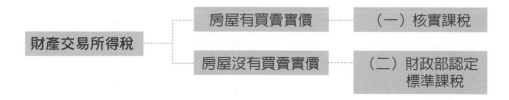

合法善用移轉現值─房地合一稅讓我省下 50 萬

我拿我實際的操作經驗來當作例子，我之前買的一間房子，購入價格為 360 萬，出售價格為 660 萬，我總共持有的時間不到一年，所以我必須依照 45％ 的房地合一稅來核實課稅。若依照房地合一稅的稅基（一買一賣的獲利金額）＝賣價－成本（買價）－相關費用－土增稅漲價數額 。

首先，我先提列我的「相關費用」以及「土地漲價總數額」：

1. 相關費用（不動物的裝潢款＋仲介費＋代書費等，約 180 萬）

2. 土地漲價總數額（提高申報的移轉現值）

假設我沒有提列「土地漲價總數額」的話，我的房地合一稅就必須要繳交 120 萬 *0.45=54 萬。但是我透過提高申報移轉現值，來抵扣房地合一稅，讓我此次的房地合一稅繳的金額為 1,250 元。這一來一回，從 54 萬的房地合一稅，下降至 1,250 元，各位客官，閱讀到此時，您有沒有覺得專業的知識非常非常的重要呢！光是這個專業知識，很可能就讓您省下近百萬的稅金喔！

稅別	持有稅	
	房屋稅	地價稅
說明	不動產持有期間，針對建物課徵的地方稅。並依房屋買賣移轉日計算買賣雙方需負擔房屋稅比例，欠繳之房屋稅未繳清前，不得辦理移轉。	對持有土地者課以地價稅，那一般地價稅的課稅稅基為「公告地價」，地方政府每兩年會重新規定地價也就是公告地價，若是地主沒有申報地價，則以公告地價的8成做為申報地價，這就是地價稅的稅基。
計算方式	住家用：房屋現值 *1.2% 非住家、非營業用：房屋現值 *3% （台北市非自用之住家用房屋在2戶以下者，每戶均按2.4%，持有3戶以上者，每戶均按3.6%）	· 課稅地價 = 申報地價 * 持有面積 · 應課稅額 = 課稅地價 * 稅率 · 自用住宅用地稅率為0.2% 一般稅率：千分之十至千分之五十五（累積稅率）。
繳納時間	每年5月1日起至5月31日止	每年11月1日起至11月30日止

稅別	交易稅	
	土地增值稅	契稅
說明	土地經過一買一賣後，土地漲價所帶來的財富所得，地主必須繳納土地，價所帶來財富，這就是土地增值稅。	不動產因買賣、承典、交換、贈與、分割或占有等原因，取得不動產所有權時交的稅，按其契價，由買方繳交。
計算方式	持有土地年限末滿20年：按土地漲價總數額累進計算 *20%、*30%、*40% · 持有土地年限滿20年以上者：就其土增稅超過原規定地價稅或前次移轉現值部份減徵20% · 超過30年以上者減徵30% · 超過40年以上者減徵40% 自用住宅：按土地漲總數額 *10%	建物部份依稅目之稅率，按房屋評定現值課徵，一般買賣贈與為6%
繳納時間	移轉時徵收繳納	契約成立日起30天內

Chapter 4

便宜買好屋：
標購法拍屋必懂的 5 字訣

對於一般人們來說，一生中最大的一筆花費大概就是買房子了，若想要降低買屋所需耗費的成本，除了徵詢房仲介紹，透過法院拍賣的方式來取得不動產，也是另一個可以省錢買房的方式之一唷！以下便是筆者提供給各位在投資法拍屋時的的 5 字訣─看、標、點、整、賣。

拍賣。

認識法拍屋！金拍屋！銀拍屋！

在法拍屋市場中，最大宗的法拍屋來源是因為繳不出房屋貸款，導致房子被拍賣的物件，所以我們可以透過觀察法拍屋的市場來判斷房市景氣─如果法拍屋市場的物件都是屋齡較新，且出現物件越來越多的跡象時，那就是房地產景氣慢慢走下坡的時候到了。

房屋之所以會被拍賣，最主要的原因就是，所有權人（包括債務人本人或保證人）無法償還債務（如房屋貸款、金錢借貸、稅金繳納），導致債權人拿著債權憑證向法院民事執行處聲請強制執行，透過查封和拍賣的處分，把不動產變現以償還債權人。簡言之，法拍屋是由債權人（多數是由銀行）像法院申請拍賣債務人之不動產，將不動產拍賣後的價金來償還積欠債權人之債務，而拍賣不動產再法院投標室進行，拍定後依法院程序繼續辦理。而這些被送進拍賣市場的房屋標的物，稱之為法拍屋。

此外，在台灣的法律中，債權人要跟法院申請強制執行，拍賣債務人的財產，來償還債務人的債務。債權人發動強制執行的第一個步驟是：清查債務人的財產，清查財產的方式為：去國稅局調閱債務人登記有案的財產清冊（例如：房地產、股票、現金存款、薪資等），拿到財產清冊後，就從最容易變現的財產開始執行，例如：凍結存款、提存 1 / 3 薪水、拍賣股票等。在強制執行的規定中，如果債務是有抵押品的，必須優先拍賣抵押品，拍賣抵押品後還是無法償還全部債務，再來才可以拍賣其他財產，這也是為什麼很多房子被法拍的債務人，他們還是可以自由的處分自己的存款、股票等。

最後附帶一提，法拍屋的來源，除了「抵押權拍賣」以外，也有很多是離婚訴訟、分割家產而進入法拍市場的唷！

法院拍賣流程圖

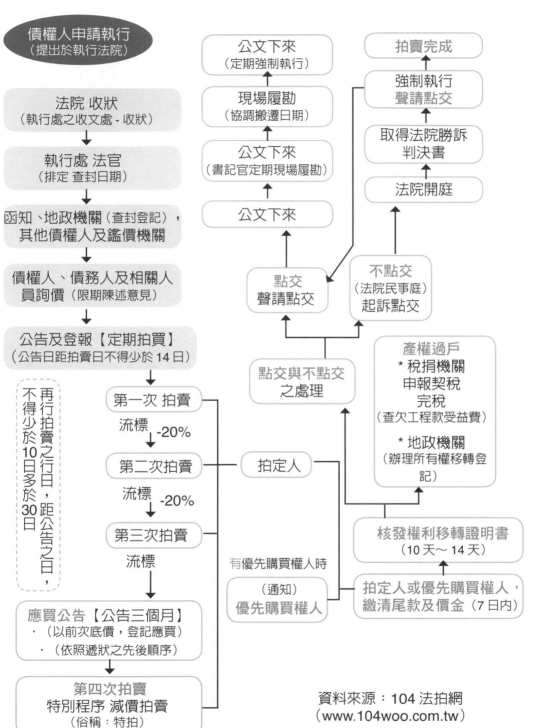

債權人申請執行
（提出於執行法院）

法院 收狀
（執行處之收文處 - 收狀）

↓

執行處 法官
（排定 查封日期）

↓

函知、地政機關（查封登記），
其他債權人及鑑價機關

↓

**債權人、債務人及相關人
員詢價**（限期陳述意見）

↓

公告及登報【定期拍買】
（公告日距拍賣日不得少於 14 日）

↓

再行拍賣之行日，
不得少於 10 日多於 30 日，距公告之日，

第一次 拍賣
流標 -20%
↓
第二次拍賣
流標 -20%
↓
第三次拍賣
流標
↓
應買公告【公告三個月】
· （以前次底價，登記應買）
· （依照遞狀之先後順序）
↓
**第四次拍賣
特別程序 減價拍賣**
（俗稱：特拍）

公文下來
（定期強制執行）

↑

現場履勘
（協調搬遷日期）

↑

公文下來
（書記官定期現場履勘）

↑

公文下來

↑

**點交
聲請點交**

不點交
（法院民事庭）
起訴點交

↑

**點交與不點交
之處理**

拍定人

拍賣完成

↑

**強制執行
聲請點交**

↑

**取得法院勝訴
判決書**

↑

法院開庭

產權過戶
* 稅捐機關
申報契稅
完稅
（查欠工程款受益費）
* 地政機關
（辦理所有權移轉登
記）

↑

核發權利移轉證明書
（10 天～ 14 天）

↑

有優先購買權人時

（通知）
優先購買權人

**拍定人或優先購買權人，
繳清尾款及價金**（7 日內）

資料來源：104 法拍網
（www.104woo.com.tw）

債權人　聲請拍賣　　拍賣　　法拍屋

$

金拍屋

在法拍屋市場中，最大宗的債權人為銀行，銀行團為了加速解決銀行的呆帳的問題，銀行公會邀請各大銀行合資成立「台灣金融資產服務股份有限公司」（簡稱台灣金服），接受法院委託執行辦理不動產拍賣等業務。簡言之，金拍屋為法院將拍賣程序一部分委託公正第三人拍賣公司，拍定後程序交給法院繼續處理，目前法院委託「台灣金融資產服務股份有限公司」辦理拍賣的投標地點在台灣金服投標室。然而，透過台灣金服所拍賣的不動產及稱為「金拍屋」。

「台灣金融資產服務股份有限公司」（簡稱台灣金服），是房屋拍賣的公正第三方公司，協助法院拍賣的業務。而「台灣金聯資產管理股份有限公司」簡稱（台灣金聯），主要是在做不良債權的收購及處理，例如銀行放款後收不回的款項，而主動接手這些不良資產，再把這些資產做出租或出售。

銀拍屋 1

當銀行向法院聲請強制執行不動產拍賣，經過多次流標，減價拍賣

導致銀行的債權受償減損時，銀行為了避免損失而向法院承受買回該不動產，並且排除佔有後，再經過簡單的修繕整理後，再自行辦理投標拍賣，這種房屋，也就是所謂的銀拍屋。

簡言之，所謂的銀拍屋就是銀行從法院拍賣或承受取得的不動產，有以下幾種方式來處理。

（1）由銀行的相關資產公司來做拍賣承受，承受後經過裝潢整理後，交給房屋仲介、591 等方式來做出售。

（2）或者交由民間具有拍賣資格的公司（如：戴德梁行、資誠管理公司等）辦理拍賣銷售，拍賣方式也跟法院的拍賣方式不一樣，依照各個拍賣公司的相關規定來辦理。

簡言之，銀拍屋就是銀行用債權去承受的一個不動產，目的是確保自己的債權，銀拍屋有以下幾項特點是： 一、物件一定是點交的房子，二、可以看到室內屋況，三、產權以及使用絕對是非常乾淨，跟一般房屋仲介推薦的房子沒什麼兩樣。

房市好旺角

金拍屋其實跟法拍屋是一樣的，只是拍賣的地點不一樣，法拍屋是在法院，金拍屋是在台灣金融資產服務股份有限公司，金拍屋透過台灣金服拍定後，一樣回到法院發給權利移轉證書、繳清尾款、執行點交等相關事宜。

1. 在 2001 年 7 月 28 號，首次由花旗銀行委託戴德梁行，在台南用口頭競價的方式來拍賣房子，當時 31 物件拍出 20 件，在當時造成一轟動。

法拍屋、金拍屋、銀拍屋的比較

	法拍屋	金拍屋	銀拍屋
所有權	債務人	債務人	銀行
使用權點交	有疑慮	有疑慮	無點交問題
底價	依估價報告書	依估價報告書	銀行自行決定
投標保證金	底價 20 ～ 30%	底價 20 ～ 30%	銀行自行決定
尾款	7 日內繳清	7 日內繳清	銀行提供貸款
資訊取得	法院公告	金服公告	銀行自己網站

準備。

法拍屋進場前的三大步驟——
看、標、點

成家立業是許多人一輩子的重責大任，購屋更是重中之重，而購屋管道千百種，法拍屋便是其中一例！只是購買法拍屋牽涉甚廣，當中有許多法律問題及注意事項必須考量，故而在做好充足準備之前，千萬不要隨意投入，以免吞下悶虧……。

對於剛進不動產市場的新手們，建議一開始先在產權較清楚的房仲市場培養自己對房地產有一定的敏銳度之後，再來接觸法拍市場會比較好，因為在一般的房仲市場，可以透過我們前面的「地環屋價」來判斷房子的所有情況，進而推算出最適當的價格來進場，但是法拍屋的判斷基本上您是看不到房屋裡面的狀況，所以在「地環屋價」的步驟中，我們無法了解第三步的「屋況」，需要透過外觀來「推敲」裡面的座向、採光、屋內情況等，導致我們無法準確的估出這個物件需要花多少的屋況整理款費用（裝潢、格局、管理、修繕等），導致你最後的「估價、議價」，需要靠經驗以及策略來破解。

再來，你也必須看的懂謄本、了解房地產的相關法律（民法、土地法、強制執行法、稅法……等），用房地產的法律知識，來評估法院筆錄買之後可以處理的可能性以及相關成本，判斷完這些後，你才有可能決定是否下手購買。

想要在法拍屋裡面挑出自己喜歡的鑽石屋，必定要經過看屋、標屋、點屋、整屋、賣屋等流程，以下就跟大家簡單剖析：

看屋　　標屋　　點屋　　整屋　　賣屋

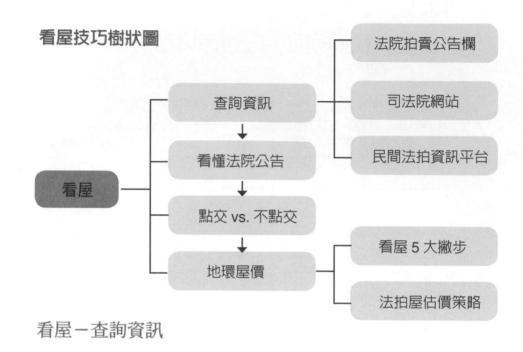

看屋技巧樹狀圖

看屋 → 查詢資訊 → 法院拍賣公告欄 / 司法院網站 / 民間法拍資訊平台

查詢資訊 → 看懂法院公告 → 點交 vs. 不點交 → 地環屋價 → 看屋 5 大撇步 / 法拍屋估價策略

看屋－查詢資訊

現在法拍屋的資訊，越來越透明了，在投標前要先蒐集足資訊，再從中挑出自己喜歡的物件，進場投標，那在投標之前，一定要做好資訊的蒐集，因為在法拍屋市場中，其實有很多物件是買到後，但是卻無法使用的，所以在進場投標法拍屋之前，一定要好好的做清楚相關的調查！

1. 法院的拍賣公告欄

在早期人們要獲得法拍屋的資訊，需要親自到法院的公佈欄看拍賣公告，依法規定法拍屋的資料，必須在拍賣前 14 天張貼公告，所以在各地的地方法院民事執行處公佈欄，都會及時更新即將拍賣的不動產公告！

在早期的法拍屋投標過程，在投標的前一天，還要親自去法院一趟，查一下明天要投標的物件，有沒有更新其他的公告（例如：有無撤拍、

點交狀況改變、筆錄更新等），但是現在科技發達後，其實透過網路、電話，就可以知道房地產相關的資料了，不需要特別的跑道法院去看公告欄。

雖然現在科技發達，但是在投標前一天，我都會在投標的前一天，在打電話給書記官，跟書記官問說，明天此物件是否正常投標，有無撤拍等相關事項的確認。

2. 司法院網站

拜網路科技所賜，我們現在想要獲得法拍資訊，已是非常簡單容易，我們可以直接在司法院網站上看到相關物件資料，不必特地跑一趟法院來蒐集資料！

至於目前法院對於法拍屋區域的分配情況，法院在執行房屋拍賣的時候，每一家法院有其管轄的範圍，台北以外的法拍屋其範圍就相對單純，例如：桃園地方法院管轄範圍是桃園市的各區法拍物件、彰化地方法院掌管彰化縣市的法拍物件等，以此類推。唯有雙北市比較不同，雙北市人口密度大，人多債務就多，債務多法拍屋就會多，所以雙北的案件量太大，導致雙北的法拍屋物件，分別由三家法院來管轄，這三家地方法院為：台北地方法院、士林地方法院、新北地方法院。

（1）台北地方法院管轄範圍包括「台北地區」如萬華、中正、大安、文山、信義、松山、中山，以及「新北地區」如新店、烏來、深坑、坪林、石碇。

（2）士林地方法院管轄範圍包括「台北地區」如士林、北投、大同、內湖、南港，以及「新北地區」如汐止、淡水、八里、三芝、石門。

（3）新北地方法院管轄範圍包括「新北地區」如中和、永和、板橋、土城、三重、蘆洲、新莊、五股、泰山、林口、三峽、樹林、鶯歌，基本上新北市大部分的區域由新北地院管轄。

（4）另外新北市有些地區，由基隆地院管轄範圍包括「新北地區」如瑞芳、貢寮、雙溪、平溪、金山、萬里，因為這些位置較靠近基隆，所以交由基隆地院管轄。基本上地區，如果記不起來，其實直接到司法院的法拍屋系統查詢即可。

3. 民間設立的法拍屋資訊公司

由於法拍屋的資料來源很多，例如各縣市地法院（台北地院、士林地院、新北地院、桃園地院等）、金拍屋、銀拍屋、執行署等，對於一般人來說，很難一次把所有的資訊蒐集完整，所以民間有一些公司，目前最大的兩家專門蒐集整理法拍屋資訊的公司分別為透明房訊、寬頻房訊，我一向都有訂閱這兩家公司資訊服務來參考。

再做法拍屋投標的決策之前，除了法院公告的資訊外，經常需要額外找尋其他資訊，例如：拍賣標的物的謄本、建物之前是否拍賣過、是否凶宅疑慮、土地使用分區、之前拍次的投標狀況（停拍原因、廢標原因、棄標價格等），對於一般非專職的投資人來說，要完整的蒐集這些資訊真是一件不容易的事，所以透過訂閱這些民間的法拍屋資訊公司，他們會有專業團隊來獲取更多拍賣標地物的額外資訊！

善用民間資訊，讓我趨吉避凶

其實筆者一開始跨入法拍屋市場時，透過司法院公告取得資訊是當時唯一的參考依據，有次因為想要投標一個法拍案子，所以在投標前，我請目前有訂閱透明房訊的朋友幫我查看一下這個案子的現況。他跟我

說，這個案子去年已經流標過一輪，上一輪的 4 拍有人投標，但又被判廢標（因為沒付委任狀）。至於細節部分則如下圖所示：

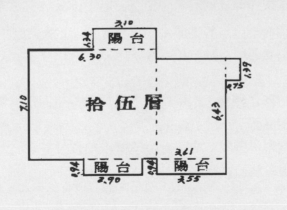

拍賣紀錄（可看前次原始公告）▼

第一拍 2017 / 05 / 23【634 萬】 每坪 26.4 萬，部份點交→流標
第二拍 2017 / 06 / 27【507.2 萬】 每坪 21.2 萬，部份點交→改期
第三拍 2017 / 08 / 08【405.8 萬】 每坪 16.9 萬，部份點交→流標
公告應買（截止日 2017 / 11 / 17）【405.8 萬】 每坪 16.9 萬，部份點交→公告中→ 2017 / 09 / 04 公告第四拍
第四拍 2017 / 10 / 03【365.4 萬】每坪 15.2 萬，部份點交→流標：案號：█████████（廢標／未附委任狀）
第一拍 2018 / 12 / 04【365.4 萬】 每坪 15.2 萬，部份點交→未公告
第二拍 2019 / 01 / 08【293 萬】 每坪 12.2 萬，部份點交→未公告
第二拍 2019 / 05 / 07【293 萬】 每坪 12.2 萬，部份點交→未公告

房屋平面圖▼

還有一次，我發現桃園的一個法拍案子異常的便宜，我首先先瀏覽法院的公告之後，筆錄相關內容讓我覺得蠻正常的，之後我在去查詢一

下透明房訊的法拍屋資訊系統，才發現這個物件在之前已經被拿出來拍賣過，並且在之前的筆錄上面清楚載明是曾有人暴斃身亡，但是在這一輪拍賣的時候，不知道是書記官疏忽還是怎麼樣，筆錄上面居然沒有把這個重要的資料寫進去。

實際案例如下圖，兩者其實是同一個物件，但是之前有筆錄上清楚載明，建物內曾有人暴斃身亡，但是這次的筆錄卻沒有登錄記載：

法院筆錄▼

●點交情形→點交●

1. 拍賣建物現無人使用，但屋內有債務人家具、用品，拍定後點交。

2. 第 5625 建號，建物係未辦保存登記之增建物，拍定人無法持本院核發之權利移轉證書辦理所有權登記，且應負被拆除之風險，請應買人注意；又本件拍賣以建物現況拍賣，當事人及拍定人均不得以面積不符，請求增減價金。

3. 拍賣建物據債務人家人稱無特殊受損情形、無漏水、無非自然死亡事件，不知是否為海砂屋、輻射屋；經債權人查報該建物非為海砂屋、輻射屋且無嚴重漏水、火災受損、地震受創、無非自然死亡事件；再據分局函覆，該戶 5 年內無非自然死亡相關紀錄，請應買人參考、注意。

4. 本件拍賣之建物，本院卷內依通常調查所得足以影響交易之特殊情事等相關資訊，已於備註欄載明；如有未記載之資訊，仍請投標人自行斟酌、查明，拍定後均不得以拍賣公告未記載而聲請減少價金或聲請撤銷拍定。

法院筆錄▼

●點交情形→點交●

1. 本標的物建物部分據在場債務人之親屬表示，建物有漏水情形，現由與債務人占有使用，拍定後點交；

前案具債務人之親屬表示，建物內曾有人暴斃身亡，然經函查所屬轄區桃園分局指稱，該址並無非自然死亡之資料，請投標人於應買前自行查明。

2. 如其中一筆或數筆標的已足夠清償債權及費用，則其餘投資標的雖已達底價，亦不為拍定。又債務人應自行注意並得到場指定拍定之標的物，否則得由本院指定並得於開標後核發權利移轉證書前由本院撤銷其中一筆或數筆標的之拍定。

3. 本件標的物原所有權人或使用人，如有積欠工程受益費及水電、瓦斯或管理費等費用，應由拍定人自行與相關單位協商解決。《清償債務》

　　以上兩個實際例子，都是透過民間法拍資訊系統，讓我們在法拍屋的市場中趨吉避凶的一個很好的實際案例跟經驗，由於這些民間法拍資訊公司的提供的資訊很多都是法院公告所沒有的，我就二話不說立即加入付費訂閱，因為房地產的金額太大了，必需蒐集好關鍵資訊，才有辦法做最正確的投標決策！如果您也想要透過法拍的方式來買房，建議您熟悉並善用這些資訊平台！

看屋－看懂法院公告

　　法拍屋在做資料蒐集之前，要先學會如何看法院的公告，我自己在看法院公告時，我的閱讀順序如下：一、物件地址、狀況；二、是否點交；三、拍賣日期＆拍次；四、研究拍賣公告筆錄。

臺灣臺北地方法院公告 （第一次拍賣） ………● 1

發文日期：中華民國108年7月5日
發文字號：北院志105司執未字第112376號 ………● 2

主旨：公告以投標方法拍賣本院105年度司執字第112376號給付票款強制執行事件，債務人鍾旻樺即鍾春梅所有如附表所示不動產有關事項。
依據：強制執行法第81條。
公告事項：

　一、不動產所在地、種類、權利範圍、實際狀況、占有使用情形、調查所得之海砂屋、輻射屋、地震受創、嚴重漏水、火災受損、建物內有非自然死亡或其他足以影響交易之特殊情事、拍賣最低價額、應買資格或條件及其他相關事項：均詳如附表。

　二、保證金：應以經金融主管機關核准之金融業者為發票人之支票、匯票或本票，放進投標保證金封存袋內，將封口密封，不必向本院出納室繳納（投標書及保證金封存袋，向本院服務處購買，並應依投標書所記載之注意事項填載）。如果得標，保證金抵充價款，未得標者，由投標人當場領回。

　三、閱覽查封筆錄日期及處所：自公告之日起，至拍賣期日前1日查封筆錄均揭示在本院民事執行處公告欄內。

　四、投標日時及場所：108年7月17日上午9時30分起，將投標書連同保證金封存袋，投入本院民事執行處投標室（地址：臺北市中正區博愛路131號）標櫃內。 ………● 3

　五、開標日時及場所：108年7月17日上午10時整在本院民事執行處投標室（地址同投標場所）當眾開標。

　六、鑑定照片僅供參考，投標人宜自行前往查看標的物現況。

　七、拍定人就拍賣物無物之瑕疵擔保請求權。

　八、得標規定：以投標價額達到拍賣最低價額且標價最高者為得標人，如投標人願出之最高價額相同者，以當場增加之

公告解讀：
1. 拍次（拍次決定房價便宜的程度，拍越多次，代表價格將越便宜。）
2. 投標時間：投標時間是開標前30分鐘
3. 投標地點：在哪邊投標＆開標

A.B.C.D.

編號	土地坐落					面積	權利範圍	最低拍賣價格
	縣市	鄉鎮市區	段	小段	地號	平方公尺		（新臺幣元）
1	臺北市	大安區	大安	三	78	193	10000分之2850	39,510,000元
	備考							
2	臺北市	大安區	大安	三	79	55	10000分之2850	11,260,000元
	備考							

105年司執字112376號 財產所有人：鍾旻樺

編號	建號	基地坐落 ------ 建物門牌	建築式樣主要建築材料及房屋層數	建物面積（平方公尺）		附屬建物主要建築材料及用途	權利範圍	最低拍賣價格（新臺幣元）
				樓層 合計	面積 計			
1	1186	臺北市大安區大安段三小段78、79地號 台北市大安區四維路176巷10號	6層樓鋼筋混凝土造	一層：141.02 合計：141.02		平台19.45、地下層133.09	全部	3,380,000元
	備考							
2	5804	臺北市大安區大安段三小段78地號 台北市大安區四維路176巷10號增建部分（未登記建物）		第一層增建部分：17.60 合計：17.6			全部	210,000元
	備考							

點交情形	點交否：點交 ……● E
使用情形	一、本件標的物建物部分現為空屋，有水無電，拍定後點交。 二、5804建號部分係未辦保存登記之增建物，拍定人無法持本院核發之權利移轉證書辦理所有權登記，此部分應負被拆除之危險（此部分前經臺北市建築管理工程處張貼預拆通知單，載明前述108年1月8日北市工建字第1083110040號查報拆除函處分應予拆除在案），不得具領。
備註	一、上開不動產合併拍賣，請投標人分別出價。 二、拍賣最低價額合計新台幣：54,360,000元，以總價最高者得標。 三、保證金新台幣：10,880,000元。 四、抵押權拍定後均塗銷。

F

G.H

公告解讀：
這部分都要寫入投標單的，是公告精華所在。
A. 土地／建物坐落：土地／建物筆數＆所在地段
B. 土地／建物面積
C. 權力範圍
D. 最低拍賣價格：土地／建物部分的拍賣底價為最低的額，一定要≧此金額才可競標。
E. 使用情況：是否點交
F. 查封筆錄
G. 備註：拍賣最低價：欄中拍賣最低價，是將土地與房屋底價相加得來。投標時，土地和建物是分別出價合併標價，土地和建物的價格都要高於底價，才可以參與競標。
H. 保證金：現在的法拍屋，是底價的 20% 當作保證金，所以在投標前，要去銀行開立台支本票。

看屋－點交 VS. 不點交

在第三章，筆者跟各位分享了評估房地產物件的 SOP，口訣就是「地環屋價」，但是法拍屋跟一般仲介市場的物件不一樣的地方是，法拍屋沒辦法輕易的看到屋況裡面，所以法拍屋在進入評估 SOP 的屋況、估價時，就需要改變一下方法，方可獲得想要的資訊。

法拍屋跟一般仲介買房子的最大區別就是「點不點交」，標購法拍屋產權是非常清楚，但是法拍屋的「使用權」不太容易取得，買到房子的產權但使用權被別人占用的例子非常的多，所以在標購法拍屋的時候，一定要先思考清楚，房子是否有把握順利的點交，如果有把握可以點交，方才不會標購到套牢屋！

但對於房地產的初學者來說，法拍屋的入門門檻真的比起一般房仲市場困難許多，因為透過房仲購得的房子，買賣雙方都是都在一個你情我願的情況下簽訂買賣的合約書。但是，法拍屋裡面的現住人，很多時候都是被迫走到法拍的情況，所以，債務人基本上是很不願意離開原本的住處。

再者，對於初入法拍屋市場的新手來說，我建議先把房仲市場的買賣流程跑熟，並且大量研讀許多不動產相關的法律（民法、土地法、稅法、強制執行法等），直到自己一看到法拍的筆錄就明白如何處理後續點交事宜、不點交的訴訟等，對一切流程都熟悉後，再開始進場；更重要的是，包括不點交的訴訟、談判等方法，建議大家都要培養清楚有條理的法律攻防策略，如此方可算是拿到投資法拍屋的入場券！

若上述技能尚未練到此等程度，萬萬不可輕易進場，以免把資金卡在房子裡面，得不償失！

	房仲物件	銀拍屋	法拍、金拍—點交	法拍、金拍—不點交
產權	清楚	清楚	清楚	清楚
使用權	乾淨	乾淨	經法院點交後，獲取使用權。	需自行談判或透過法院訴訟來獲取使用權。

看屋－地、環、屋、價

在第三章在教大家透過培養房屋仲介人脈來找房，第四章是在教大家透過拍賣的方式來購入便宜的房子，儘管購屋的管道不一樣，但其實購買房地產的「觀念與方法」都是一樣的，大家還記得前面幾章有教大家背誦的口訣「地環屋價」（地段、環境、屋況、估價），用這個流程來評估此間房地產的價值！如果不熟的讀者，可以往前翻閱前面章節。

但是法拍屋跟一般仲介市場的物件不一樣的地方是，法拍屋沒辦法輕易的看到屋況裡面，所以法拍屋在進入評估口訣中的屋況、估價時，就需要有些改變才可以做更精準的決策。

法拍屋—看屋五大撇步

法拍屋是「無法」看到室內情況的，但我倒是有幾個方法可以跟大家分享，如何推敲房子的情況：

（1）詢問大樓管理員：如果法拍屋標地是屬於有管理員的大樓，那不妨跟管理員打聽打聽，表明你想要購買此物件，問問看現住人目前的情況，以及有無積欠管理費？用交朋友的心態，跟管理員聊聊，常常會得到有用的資訊

（2）透過房仲帶看房子：這幾天，我看到法拍屋的一個建案：無疆，我就主動上網查找掛賣的物件，並請仲介帶看這個建案的現況，甚至自動前去調查門牌號，找出房子的座向方位，仔細推敲物件現況！

（3）詢問債權銀行：一般買法拍屋，無法看到裡面狀況，不免會擔心，這時你可以看一下查封筆錄，觀察一下申請查封人是誰，通常最大宗的債權人應該是銀行，如此一來你就可以聯繫債權人銀行的債權部，並且詢問相關人員。通常，債權銀行都希望房子能以高價標出，因此都很樂意告知法拍屋的相關資訊，例如屋況、車位等訊息。（Step1：打去銀行總行； Step2：轉債管部 or 法務部 Step3：告知地址＆債務名姓名； Step4：打去相關分行做詢問。）

（4）拜訪鄰居：透過跟鄰居閒聊打聽，可以得知目前的屋況以及屋主的目前狀況唷！

（5）使用空拍機：如果有時候，真的找不到辦法，詢問到任何資料的話，可以借用一下科技空拍機，來看一下房屋的外觀＆頂樓的情況。（附帶一提，若使用空拍機，請在法規允許的前提下使用。）

第三章，我們有教大家不動產的三大估價方法（比較法、成本法、收益法），在法拍屋的估價也是一樣的方式，差別只差在，一個是跟房仲出價，另一個是跟法院出價的差別而已。

依照現在法拍資訊這麼的透明的時代，點交的房子，基本上價格跟市價差不了多少，如果真的要買便宜的房子，建議標購不點交的房子比較真的可以買到便宜的好屋！但是在法拍屋的估價中，我們無法觀看屋內狀況，來推估我們要花多少裝潢的費用，我們可以透過看屋的時候，用旁敲側擊的方式，問鄰居、問管理員、問債權銀行、親自登門拜訪等方式。

投標。

投標法拍屋的注意事項

接下來就是我們的重頭戲了，親自到法院做投標，那投標法拍屋的相關流程如下，供大家做參考。

投標流程

（1）開立保證金。

（2）寫好投標單 & 投標。

（3）法院開標，順利得標者，拿著身分證、印章給書記官查核身分，得標者到書記官室，開立繳交尾款。

（4）沒得標，拿身分證、印章領回投標保證金。

（5）得標後，7 天內繳交尾款。

（6）拿到權利移轉證書，到地政辦理過戶，並且向法院陳報點交狀。

資金來源

在本書中，有跟大家分享如何募資，現在一些銀行有在承做法拍屋的代墊款，聰明的讀者會問：「為什麼法拍屋在銀行眼中是代墊款，而不是房貸呢？」

因為我們得標法拍屋時，我們必須在 7 天內繳清尾款，但是在這 7 天的時間，我們是沒有房屋的所有權，所以銀行對於這筆款項，視為個人信用的代墊款。也因為這筆代墊款是「無擔保的信用款」所以利率是跟信用貸款的利率是一樣的！

　　既然我們要透過銀行來做信用貸款，那在投標前務必要執行一件非常重要的事，就是先跟銀行詢問，投標人是否可以代墊！

　　之前有一個朋友，他看上一個非常便宜的物件，以致於他信心滿滿，覺得銀行一定會幫她做代墊，導致她沒有事先詢問銀行是否願意貸款。結果得標後，他要去銀行申請代墊款的時候，才發現他上一期信用卡忘記繳，導致他的信用不良，結果銀行不願意貸款給他，他這 7 天到處去找救兵，差一點尾款繳不出來！所以在投標法拍屋之前，一定要先詢問過銀行！

　　再來，法拍屋真的要買便宜的話，很多人考慮去標購不點交的物件，只有少數銀行願意承做不點交的法拍屋代墊，但是不點交的物件，有一些條件的限制（例如在投標前已跟現住人達成搬遷協議），但是這種協議，很容易遇到對方反悔的情況，容易導致銀行的忽然抽銀根，所以在標購法拍屋時，建議手邊一定要有足額的現金，以備不時之需！

標屋時開立「投標保證金」的關鍵

　　在投標法拍屋時，很多人會在開立保證金這個地方搞混，保證金開錯就會被判廢標，讓所有心血付之一匱，所以務必在投標前，一一做好投標的確認：

　　（1）跟自己往來的銀行，開立「本行支票」（本行支票開立金額，不會超過您的存款金額）。

　　（2）本行支票的抬頭請寫投標人的名子（例如爸爸要投標，但存款在媽媽帳戶，要請媽媽去銀行開立本行支票，抬頭則寫「爸爸的名字」）。

　　（3）開立的本行支票，不可以有禁止背書轉讓（請務必跟銀行行

員提醒）。

（4）投標前，要在支票後面簽名（抬頭人的名子）。

（5）投標人身分證 & 印章都一定要帶到投標現場。

房市好旺角

投標現場必做的 3 件事

1. 確認是否停拍公告
2. 支票背後簽名
3. 跟法院的時鐘對錶

攻略1。

法拍屋的「點交」

當你順利得標到法拍屋後，接下來就是要進入跟法院打交道的階段了，這個階段流程比較制式，因為法院是公家機關，所以跟法院的打交道模式，都是有法律規定相關的步驟的，所以對於剛開始接觸法拍屋的新手們，建議先從點交的開始，先熟悉跟法院打交道的方式，對於法院整體點交流程已經有基本的熟悉後，再來做不點交的物件會更容易得心應手！

而當你成功標得法拍屋之後，點交的流程則如以下所示：

當得標法拍屋後，點交的流程如下：

（1）得標後，在 7 天內繳完尾款。
（2）法院發給權利移轉證書。
（3）向法院陳報點交聲請狀後，法院會發文限債務人 15 天內自動搬遷。
（4）如果債務人不自動搬遷，向法院陳報第二次點交聲請狀。
（5）第一次履勘：書記官、管區警察、鎖匠，現場履勘（通常債務人會要求搬家費＆拖延）。
（6）如果債務人再不搬遷，向法院陳報第三次點交聲請狀。
（7）強制執行點交（書記官、管區警察、鎖匠、**搬家公司**）。

點交有 3 種

很多人以為「點交」代表，法院會主動幫你做交屋，這個觀念是錯誤的，即使是點交，得標人還是要主動的到法院做遞狀聲請，法院才會受理受續的點交流流程。所謂斯斯有 3 種，點交也有 3 種，分別是**法院點交，協商點交及自行點交**。

在標得到點交的房子後，建議都走法律點交流程（如點交流程圖），讓法院把使用權做清楚的點交，這樣的話，後續才不會產生其他的問題！

有點交的流程

拍定

↓ 7 天內 ※A

繳尾款

↓ 10 天內

收到法院不動產權利移轉證書 ——→ 向法院聲請點交（第一次）

↓ 7 天內 ※A   ↓ 10 天內

請貸書辦理過戶   收到法院通知 現住人 15 日自動搬遷命令附本

↓ 20 天內   ↓ 15 天內 ※B

取得地政機關權狀及銀行貸款   聲請再點交（第二次）

↓ 10 天內

收到法院現場履勘公文（排 20 天左右）

↓ 20 天到 ※C

現場法院履勘 ※D

協議未成 ↓ 5 天內

聲請再點交（第三次）

↓ 10 天內

收到法院強制執行公文（排 20 天左右）※E

↓ 20 天到

強制執行點交房屋

協商搬遷達成機率如下：
※A：10%　　※B：25%
※C：25%　　※D：30%
※E：9%

資料來源：104 法拍網
www.104woo.com.tw

法拍屋「點交」流程分析與解說

點交流程	解說
向法院聲請點交（第一次） 圖1：點交狀	得標人取得「不動產權利移轉證書」後，向法院聲請點教；法院收文後，發文給債務人，命債務人15內自動交屋給拍定人。
限現住人15天內自動搬遷 圖2：15天內自動搬遷公文 圖3：搬遷協議書	公文：限現住人15內自動搬遷，當15天期滿，立即向法院陳報現住人未搬遷，聲請再點交。 如果現住人主動跟您聯繫協議搬遷，那記得要把搬遷協議白紙黑字寫下來。
聲請再點交（第二次點交） 圖4：未自動搬遷的陳報狀	法院收文聲請的再點交後，會再發文通知債務人。
履勘公文＆現場履勘 圖5：第一次履勘通知書 圖6：第一次履勘現場照片陳報狀	法院會來函履勘時間，當天聲請者要請鎖匠、警察一起偕同履勘。 第一次履勘，記得一定要拍照，並且再履勘後的3天內，把當天履勘的照片陳報給法院，並且要求法院發公文給現住人，要求現住人不可破壞房子，以免觸犯刑法。
聲請再點交（第三次點交） 圖4：陳報狀	第一次履勘當天，現住人要求給他搬遷時間，那法院會給現住人一段時間搬遷，如果時間到時，現住人依然尚未搬遷，我們就要做第三次聲請點交。
強制執行點交房屋 圖7：強制執行點交通知	如果現住人，還是未依法搬遷，那法院就會公文強制執行點交。 強制執行當天，聲請人要請鎖匠、警察、搬家公司待命。
現場遺留物處理 圖8：陳報現場遺留物 圖9：定期拍賣屋內遺留物	當天如果現場遺留物很多，就請法院裁定要做動產拍賣，還是視為廢棄物處理。

圖1：點交狀

民事點交		狀		
案號	○○年度司執字第○○號		承辦股別	○股
訴訟標的 金額或價額	新台幣	元		
稱　　謂	姓 名 或 名 稱	依序填寫：國民身分證號碼或營利事業統一編號、性別、出生年月日、職業、住居所、就業處所、公務所、事務所或營業所、郵遞區號、電話、傳真、電子郵件位址。指定送達代收人及其送達處所。		
聲請人	○○○	身分證字號(或營利事業統一編號)： 出生年月日： 性別： 住居所或營業所及電話 郵遞區號：		

為　鈞院○○年度司執字第○○號強制執行事件，拍定人依法聲請點交事：

緣聲請人○○○於民國○○年○○月○○日向　鈞院購得座落＿＿＿＿房屋連地壹戶。按

鈞院公告此標的物為點交。聲請人於民國○○年○○月○○日繳清尾款在案，為能盡早取得

標的物，以免遷延交屋日期，以確保拍定人之權益，爰依法

狀請

鈞院鑒核：依強制執行法第一百二十四條之規定懇請迅予安排日期，點交標的物予拍定人。

懇請安排，實感德便。

謹狀

臺灣○○地方法院民事執行處　　公鑒

證物名稱及 件　　　數	尾款繳付收據 乙式 權利移轉證書 乙式

中　華　民　國　○○　年　　○○　月　○○　日

具狀人　○○○　　簽名

撰狀人　○○○　　簽名

圖2：15天內自動搬遷公文

台灣　　地方法院民事執行處執行命令

地址：台北市內湖區民權東路六段91號

承辦人：　股

(02)2791-151 轉○○

受文者：○○○

發文日期：中華民國○年○月○日

發文字號：　　　　　第○○○○號

速別：

密等及解密條件或保密期限：

附件：

主旨：台端應於本命令送達之日起　　日內自行將如附表所示不動產點交予買受人接管，逾期旅行，即予強制執行。

說明：

一、本院　　年度執字第○○○號債權人華泰商業銀行股份有限公司等與債務人○○○間拍賣抵押物強制執行事件，業將　台端所有如附表所示不動產拍賣，由買受人得標買受，並繳清價金，且已核發權利移轉證明書在案，茲據買受人聲請點交。

二、屆期應即陳報債務人履行情形，逾期不陳報，視為債務人已自動履行完畢。

三、不動產標示如附表。

附表：

年度執第○○○○號				債務人：○○○			
編號	土地坐落				地目	面積 平方公尺	權利範圍	最低拍賣價格（新台幣元）	備考
	縣市	城鎮市區	段	小段					
1	■				建	■	■	■	

切 結 書

立切結書人

承租　　　市　　　鄉鎮　　　街

　　　坐落於　　　　　　　　　段　巷　號　之　樓

居住　　　縣　　市區　　路

全部居住，決定於民國　年　月　日以前搬遷，將房屋騰空，現況保持完整點交給　　　　先生／小姐，絕不遲延，逾期遺留屋內一切物品，視同廢物，由其運行遷離處理，本人負責及排除第三人一切行為主張，絕無異議，並願負法律上民、刑事及現行法令一切完全責任。特立此切結書為證，以昭信守，毀，具結如上，屬實。

　　　　　　　立切結書人：

　　　　　　　身分證字號：

　　　　　　　戶籍地：

附註：

　　（一）具結同時，收受搬遷費用新台幣　　　元整，餘款新台幣　　　元整，

　　　　　於點交之日給付，合計新台幣　　　整。

　　（二）房屋水電費、瓦斯費、清潔費、管理費及其他用於房屋支付費，由本人

　　　　　於點交之日前結清繳納。

　　（三）遷讓之日，戶籍自行遷出。

　　（四）房屋固有物，隨同房屋點交，如有破壞毀損，願由本人負責賠償。

圖 4：未自動搬遷的陳報狀

民事陳報		狀		
案號	〇〇年度司執字第〇〇號		承辦股別	〇股
訴訟標的金額或價額	新台幣		元	
稱　　謂	姓 名 或 名 稱	依序填寫：國民身分證號碼或營利事業統一編號、性別、出生年月日、職業、住居所、就業處所、公務所、事務所或營業所、郵遞區號、電話、傳真、電子郵件位址。指定送達代收人及其送達處所。		
聲請人	〇〇〇	身分證字號(或營利事業統一編號)： 出生年月日： 性別： 住居所或營業所及電話 郵遞區號：		

為　鈞院〇〇年度司執字第〇〇號強制執行事件，拍定人依法聲請點交事：緣聲請人〇〇〇

於民國〇〇年〇〇月〇〇日向　鈞院購得座落_____房屋連地壹戶。

經奉執行命令應於民國〇〇年〇〇月〇〇日前，查報債務人自動履行情形茲已債務人預期仍

未自動履行搬遷，特此陳報，並請繼續強制執行。

謹狀

臺灣〇〇地方法院民事執行處　　公鑒

證物名稱及件數	尾款繳付收據 乙式 權利移轉證書 乙式
中 華 民 國 〇〇 年 〇〇 月 〇〇 日	具狀人　〇〇〇　　簽名 撰狀人　〇〇〇　　簽名

圖5：第一次履勘通知書

臺灣桃園地方法院執行命令

地　　址：33066桃園市桃園區復興路186號13F、14F
傳　　真：(03)3363705
承 辦 人：股書記官
聯絡方式：▓▓▓▓▓▓▓▓▓

受文者 ▓▓▓▓▓

發文日期：中華民國 ▓▓ 年 月 ▓ 日
發文字號：桃院祥光107年度司執字第 ▓ 號
速別：
密等及解密條件或保密期限：
附件：如文

主旨：本院定於民國 ▓▓ 年 ▓ 月 ▓ 日上午 ▓ 時 ▓ 分履勘 ▓▓▓▓▓
　　　▓▓▓▓▓之執行標的現場，如經履勘現
　　　場，已達可點交之情形，則可依拍定人之聲請逕行點交。
　　　請查照。

說明：
　一、本院107 年度司執字第 ▓▓▓ 號債權人華泰商業銀行股份
　　　有限公司等與債務人 ▓▓▓ 間清償債務強制執行事件，定
　　　於上開期日履勘現場，債務人屆期應親自到場等候，如未
　　　到場或避不見面，執行程序不因而停止。
　二、依強制執行法第124條第1項規定辦理。
　三、拍定人 ▓▓▓▓ 屆期應三日前先以電話約定等候會合之地點
　　　再行導往現場。
　四、債務人、第三人或承租人如已於執行期日前自動履行，應
　　　即向本院陳報。
　五、本件須進入屋內調查現況，債務人屆期若未到場，拍定人
　　　應先連絡管區警員及鎖匠到現場協助執行。
　六、拍定人應將本院命令影本張貼於不動產所在地後拍照，並
　　　於執行期日前將照片送院附卷。

附表：

107年度司執字第61917號　財產所有人：皮昱凌							
編	土		地	坐	落	面積	權利	最低拍賣價格
號	縣市	鄉鎮市區	段	小段	地號	平方公尺	範圍	(新臺幣元)

圖 6：第一次履勘現場照片陳報狀

民事陳報		狀		
案號		○○年度司執字第○○號	承辦股別	○股
訴訟標的 金額或價額	新台幣		元	
稱　　謂	姓名或名稱	依序填寫：國民身分證號碼或營利事業統一編號、性別、出生年月日、職業、住居所、就業處所、公務所、事務所或營業所、郵遞區號、電話、傳真、電子郵件位址。指定送達代收人及其送達處所。		
聲請人	○○○	身分證字號(或營利事業統一編號)： 出生年月日： 性別： 住居所或營業所及電話 郵遞區號：		

陳報主旨：第一次履勘現況拍照

　　鈞院於○年○月○日案號○○○座落○○○○第一次履勘現場，當天與警員、鎖匠、書記官等人，一同進入法拍屋現場，現住人在場，書記官協調買受人與現住人搬遷事宜，買受人經書記官同意現況拍照，並且敬告現住人不可破壞室內裝潢，且請書記官載明筆錄：「如有上開行為江提出刑事告訴」。

今將房屋現況照片　送鈞院存查

謹狀

臺灣○○地方法院民事執行處　　公鑒

證物名稱及件數	房屋現況照片

中　華　民　國　○○　年　　○○　月　○○　　日
具狀人　　○○○　　　　簽名 撰狀人　　○○○　　　　簽名

圖 7：強制執行點交通知

台灣　　地方法院民事執行處執行命令

發文日期：中華民國○年○月○日

發文字號：北院錦 92 執字第○○○○號

附件

受文者：占有人　　　　　　　　住台北市萬華區○○○○○○○

　　　　債務人　　　　　　　　住台北市萬華區○○○○○○○

　　　　　　　　　　　　　　　身分證統一編號○○○○○○○

副本收服者：買受人　　　　　　住台北市萬華區○○○○○○○

主旨：茲定於○年○月○日上午○時前往現場執行點交後開不動產。

說明：

一、本院 92 年度執字第○○○號債權人合作金庫銀行股份有限公司與債務人債務
　　人○○○間清償債務強制執行事件，業將債務人所有後開不動產拍賣，由買受人
　　○○○買受並發給權利移轉證明書。

二、拍定之不動產已屬買受人所有，凡附著於建物之全部設備，均為拍賣效力所及，
　　債務人或使用人不得拆卸或毀壞，如有上開行為，將構成刑法之毀損罪責。

三、買受人請雇用工人五名搬移物品，屆期前六十分來本院引導執行人員前往現場執
　　行點交，如債務人以於期前自動履行，應即向本院陳明。

四、債務人如不自行點交，屆時又不在現場等候點交，本院即予強制執行，點交亦不
　　因之停止。

五、不動產標示：台北市萬華區○○○○○○○

買受人應將本通知影印張貼於門首，並拍照存查。

圖 8：陳報現場遺留物

民事陳報		狀	
案號	○○年度司執字第○○號	承辦股別	○股
訴訟標的金額或價額	新台幣	元	
稱　　謂	姓名或名稱	依序填寫：國民身分證號碼或營利事業統一編號、性別、出生年月日、職業、住居所、就業處所、公務所、事務所或營業所、郵遞區號、電話、傳真、電子郵件位址。指定送達代收人及其送達處所。	
聲請人	○○○	身分證字號(或營利事業統一編號)： 出生年月日： 性別： 住居所或營業所及電話 郵遞區號：	

陳報主旨：法拍屋現場遺留物

　　鈞院發給債務人或現住人之函文，公文中命令文到○○日內自行領取遺留物。然至今已逾時，謹請鈞院允許買受人以廢棄物處理之。

謹狀

臺灣○○地方法院民事執行處　　公鑒

證物名稱及件數	

中　華　民　國　○○　年　　○○　月　○○　日

具狀人　○○○　　簽名

撰狀人　○○○　　簽名

圖9：定期拍賣屋內遺留物

台灣士林地方法院民事執行處執行命令

地址：台北市內湖區民權東路六段91號

承辦人：勇股

(02)2791-1521 轉

受文者：○○○

發文日期：中華民國○年○月○日

發文字號：北院錦90執土字第○○○○號

速別：

密等及解密條件或保密期限：

附件：

主旨：茲定於○年○月○日上午○時前往現場實施公開拍賣，請屆時在場。

說明：

四、本院受理 年度執字第○○○號債權人國泰世華商業銀行股份有限公司等與債務人○○○間清償債務人強制執行事件，債務人○○○之遺留物，經通知取回，逾期未領取。

五、買受人應於當日上午8時50分前以電話通知本院將自行前往現場等候。

六、債務人如屆時故意不到場，執行不因而停止。

「點交」遺留物的處理

法拍屋的空屋處理方式，常常會遇到很多的爭議，因為拍定人拍到的只有不動產，屋內的動產都不屬於拍定人的，所以拍定人沒得到動產所有權人的同意，是無權處分屋內的動產！

有時候筆錄上會寫說，目前房屋屬於空屋，但是即便如此，奉勸大家最好還是不要擅自闖入屋內，因為屋內的動產如有遺失，現住人可以對侵入住居者提起訴訟。

在法律上，要取得使用權，要依法聲請法院點交，由法院透過公權力來解除現住人的占有，對於現場的遺留物來說，是否視為廢棄物，是由法院來認定，拍定人不能自行決定。

屋內遺留物之處理

對於房屋內的遺留物品，事務官在不動產點交後，還要另案處理這些遺留物（桌子、椅子、電視、冰箱等），事務官依強制執行法來把現場的遺留物做造冊分類，並且由拍定人暫時保管這些遺留物，之後事務官會發通知請原屋主來取回遺留物，如果逾期未來領回，就將這些遺留物做動產估價、拍賣。基本上這些遺留物做動產拍賣也一定沒有人會來購買，為了趕緊結案，通常拍定人把它買下來，把整件事情做的收尾，儘管要多花一點小錢，但是可以省去很多時間跟麻煩。

如果法院將現場的遺留物視為廢棄物並且寫在筆錄之中，那拍定人就可以把遺留物視為廢棄物丟棄。但是值得注意一點的事情是，記得要請法院發一個公文給你，公文內容說拍定後的屋內遺留物可以以廢棄物處理之，有了這個公文後，基本上就不用擔心未來的某一天，原屋主忽然跑來說，他的某貴重物品被我們丟掉，要索求賠償之類的狀況了！

法規	條號	內容
民法	68	非主物之成分，常助主物之效用，而同屬於一人者，為從物。但交易上有特別習慣者，依其習慣。主物之處分，及於從物。
	97	表意人非因自己之過失，不知相對人之姓名、居所者，得依民事訴訟法公示送達之規定，以公示送達為意思表示之通知。
	811	動產因附合而為不動產之重要成分者，不動產所有人，取得動產所有權。
強制執行法	59	查封之動產，應移置於該管法院所指定之貯藏所或委託妥適之保管人保管之。認為適當時，亦得以債權人為保管人。
		查封物除貴重物品及有價證券外，經債權人同意或認為適當時，得使債務人保管之。
		查封物交保管人時，應告知刑法所定損壞、除去或污穢查封標示或為違背其效力之行為之處罰。
		查封物交保管人時，應命保管人出具收據。
		查封物以債務人為保管人時，得許其於無損查封物之價值範圍內，使用之。
	100	房屋內或土地上之動產，除應與不動產同時強制執行外，應取去點交債務人或其代理人、家屬或受僱人。
		無前項之人接受點交時，應將動產暫付保管，向債務人為限期領取之通知，債務人逾限不領取時，得拍賣之而提存其價金，或為其他適當之處置。
		前二項規定，於前條之第三人適用之。

「協議點交」的處理

　　使用權的交付，除了透過法院用公權力的方式交給你以外，有時候現住人也願意在法院強制點交之前，把房子交給得標人（透過協商搬家費、或給予搬家時間），但是如果不是透過公權力的方式來做使用權移轉的話，記得一定要把雙方的搬遷協議用白紙黑色的方式寫下來，不然之後有任何糾紛，有證據就能在法律上站的住腳！

　　因為，通常法拍屋的現住人，並非出於自己的意願而移轉自己的房子，所以對於搬遷協議的協商，盡可能讓現住人感到舒服，以免現住人在搬家前因為情緒而破壞房子或者對房子做出損人不利己的事情，所以我在做溝通協商的時候，基本上我比較不會帶著制式的同意搬遷切結書，我反而會用不經意的方式，在當下找一張白紙，用雙方合議的情況下來達成協議，所以建議各位把下面的搬遷同意書的內容，牢牢的印在自己的腦海中，以備不時之需。

積欠大樓管理費，由誰支付？

　　在法律上，管理費是屬於債權關係，前屋主所積欠的管理費，是屬於前屋主與管委會之間的債權債務關係，故需要繳交管理費的人是原區分所有權人，而非新的拍定人。但是如果在拍賣公告中，有註明『拍定人應繼受債務人所積欠的管理費債務』，則拍定人就必須把管理費繳清。所以在拍賣前，請仔細閱讀拍賣公告，以免承接原屋主積欠的鉅額管理費，以至於增加自己的購屋成本！

　　總結，前屋主積欠的管理費是否由拍定人繳清，就要看拍賣公告是否有載明。

拍賣公告載明,需由拍定人負擔	(1) 表示新的區分所有權人依《民法》第301條規定,債務承擔契約承擔區分所有權人的債務,若拍定人往後未依公告所示繳納,大樓管委會可對拍定人債務承擔為承認後,向新區分所有權人請求清償。 (2) 拍賣公告註明之事項視為買賣內容之一部份,最高法院1971年台上地4615號判例,意旨公告以載明之事實,此事時已成為買賣契約內容之一部份,拍定人當然受此約束。
拍賣公告無載明	由於拍賣的性質,依實務見解為司法上的買賣關係,存在於債務人與拍定人間,以債務人為賣方,應買人為買方,拍定後買賣契約即成立。

至於免除30萬鉅額管理費,筆者提供實際操作案例,與大家分享:

一間法拍屋,積欠30萬的高額管理費,之後經過陳情過後,成功的免除了鉅額的管理費用。

法院筆錄如下:

法院筆錄	【拍賣原因:拍賣抵押品】 1. 本件拍賣標的物據本院現場履勘時在場債務人之父高o隆稱,現無人居住使用,經入內察看,雖擺有冷氣床墊等家具家電,但無日生活用品,依形式外觀推定無人占有使用,本件拍定後點交。 2. 本件拍賣標的物於查封時經詢在場管委會人員,皆無海砂屋、輻射屋、地震或火災受創及建物內有非自然死亡等足以影響交易之特殊情事。 3. ○○管理委員會於108年8月8日具狀陳稱,債務人積欠該管理委員會107年2月至108年8月管理費,合計新台幣29萬168元,並持續遞增,請應買人注意。 4. 抵押權拍定後均塗銷。

發文日期：中華民國108年11月　日
發文字號：新北工寓字第　　　號
速別：普通件
密等及解密條件或保密期限：
附件：

主旨：有關民眾陳情本市　　區「　　　　　大廈」原所有權人欠繳之管理費疑義一案，復請查照。

說明：

一、依據民眾108年11月25日（收文日）陳情書辦理。

二、有關公寓大廈欠繳公共基金之原區分所有權人，如已將其專有部分之區分所有權過戶他人，除過戶後之新區分所有權人已參照民法第300條或第301條規定，訂定債務承擔契約，原為原區分所有權人代為清償所欠之公共基金外，應依公寓大廈管理條例第21條規定辦理，不得逕向新區分所有權人請求繳納之，為內政部台內營字第8672309號函所明示。

正本：　　　　　委員會、
副本：

局長 朱惕之

法拍點交 & 金拍點交的實例分享

在前面的章節中，我分享到我很喜歡買公寓來做成收租型套房，因為收租型的房子很容易有高的租金收益率，當然爾我也常常關注一些法拍的公寓物件。

點交法拍物件之實戰分享─每月穩定收租 4 萬

有一次，我看中個地點很好的點交公寓 2 樓物件，我就進行了法拍屋投標前的 SOP，開始做房子的調查！我就在這個房子的四周繞繞，推敲房子內的格局、採光、座向等，之後趁著隔壁鄰居的進出，做個訪問，跟他們表明，我想要購買這邊的房子，此棟房子是否有海砂、凶宅等問題，並且打聽一下這間房子屋主的之前情況。而經過鄰居的口中得知，

屋主早就已經跑路，搬離開這間房子很久了，並且請他帶我在這個房子的公共梯間走一走，看看公設梯間的保養狀況與整潔度，來推敲這棟建築物的鄰居素質。

知道屋主早就不住這邊後，我可以就很放心的去投標這間房子，對於點交的物件來說，在投標前最擔心的幾個問題：（1）房子是否有凶宅、海砂等問題；（2）房子結構是否穩健；（3）現住人是否願意點交搬離。那以上擔心的問題排除後，接下來就是大膽進場囉！

投標後，我陳報了點交狀後，法院發了自動搬遷的公文給債務人，那債務人主動連繫我，並且跟約碰談討論搬遷事宜，我就給他一些搬遷費，讓他把屋子清空，並且也跟法院陳報自行點交的陳報。幾經周折後，最後還是順利購得這個點交的法拍屋，現在每個月還可穩定地幫我攢下4萬元的租金收益呢。

進行中的金拍屋－點交物件實戰分享

上面的例子，是法拍屋的案例，那麼在本章節的最後，我再舉一個最近尚在進行中的金拍屋案例與大家分享：

2019 年 11 月，我們標得一間位於竹北地區的金拍屋，這個金拍屋的投標地點是在台灣金融服務股份有限公司的中區服務處。

得標後，這個物件就回到到新竹地方法院做後續點交的執行，後續的流程就跟法院的點交是一樣（遞點交狀、公文 15 日搬遷、履勘 、強制執行）。金拍屋對於法拍屋來說，一般人比較會注意法拍屋，反而金拍屋的注意的程度會略少於法院的法拍屋，所以如果你希望想要少一點人跟你投標競爭的話，建議可以多多留意金拍屋的相關物件唷！

攻略2。
法拍屋的「不點交」

對於法拍市場的投資老手來說，真正比較有利潤的物件都是**不點交**的物件！在房地產投資市場中，大家都在追逐便宜的優質物件，但是因為大家都想要買到便宜的物件，所以導致「點交」的物件，基本上價格都不太會便宜到哪邊去。

就投資房地產市場而論，法拍屋進入門檻會比仲介市場的門檻困難度來的高很多，原因則有以下幾項：

（1）很多人一輩子都沒有跟法院打過交道。
（2）不懂房地產的法律。
（3）沒有打過官司的經驗。
（4）對法拍屋有既定的負面印象（黑道佔屋）。
（5）沒有這麼大筆資金可以進出。
（6）不懂得跟銀行動用「額度」。
（7）無法事前看到屋內情況。
（8）買到房子很可能拿不到使用權。

以上的各種因素，導致一般人根本不敢踏入法拍屋市場，所以法拍屋的市場中，讓大多數的人只敢遠觀不敢褻玩焉。但是每個在法拍屋的熟練投資人，哪個不是努力學習房地產法律知識，所以如果您也想要透過房地產投資來累積自己的資產，那就努力的學習房地產的專業技能。

我想跟正在看這本書讀者們說，我是一個讀化工系的理科生，我都可以從無到有慢慢的累積自己的房地產技能，我都可以做到，你也一定可以！

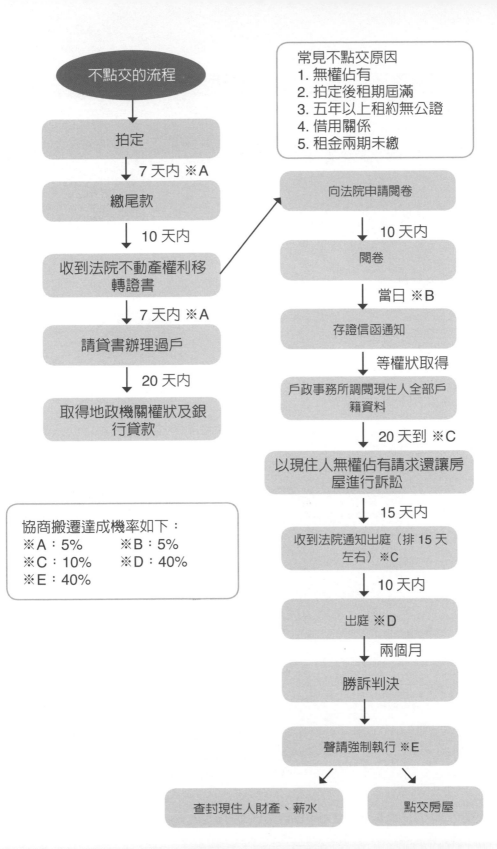

不點交的流程

拍定

↓ 7 天內 ※A

繳尾款

↓ 10 天內

收到法院不動產權利移轉證書

↓ 7 天內 ※A

請貸書辦理過戶

↓ 20 天內

取得地政機關權狀及銀行貸款

常見不點交原因
1. 無權佔有
2. 拍定後租期屆滿
3. 五年以上租約無公證
4. 借用關係
5. 租金兩期未繳

向法院申請閱卷

↓ 10 天內

閱卷

↓ 當日 ※B

存證信函通知

↓ 等權狀取得

戶政事務所調閱現住人全部戶籍資料

↓ 20 天到 ※C

以現住人無權佔有請求還讓房屋進行訴訟

↓ 15 天內

收到法院通知出庭（排 15 天左右）※C

↓ 10 天內

出庭 ※D

↓ 兩個月

勝訴判決

↓

聲請強制執行 ※E

↓

查封現住人財產、薪水　　　點交房屋

協商搬遷達成機率如下：
※A：5%　　※B：5%
※C：10%　　※D：40%
※E：40%

事由	筆錄
借予他人無償堆放物品 ※ 圖 A： 【無權占有請求房屋遷讓】起訴狀	本件拍賣標地，由債務人無償借予第三人 OOO 堆放物品，拍定後不點交。
使用借貸 ※ 圖 A： 【無權占有請求房屋遷讓】起訴狀	第三人張 OO 其於使用借貸關係佔有中，拍定後不點交。
無償借用 / 免費使用 / 使用借貸 ※ 圖 B： 【無權占有請求房屋遷讓】起訴狀	本件標的物查封時，據債務人陳報稱無償借用於予第三人使用，惟據第三人具狀主張其係不動產實際所有權人，僅係借名登記予債務人。實際情形請應買入自行查明，拍定後另行訴訟解決。本件拍賣物拍定後不點交。
正常租約（5 年以內） 圖 C：正常租約	本件標的第 1464 建號，據在場承租人詹家心表示，其向債務人所承租，租期至 108 年 10 月底止，另稱該屋廁所牆壁有滲漏水，其他屋況尚可，無車位，承租人詹家心表示其為愛貓人士，屋內養了多隻流浪貓，本件第 1464 建號建物拍定後不點交。
夫妻已離婚，妻佔有	該房屋現由債務人前妻居住，其前妻自 OO 年起即居住至今，與債務人蔡 OO 於 OO 年 . OO 月 . OO 日經法院判決離婚。
以債抵租	本件拍賣建物現由第三人張 OO 占有使用，其稱因債務人積欠他 OO 萬，債務人願以本件拍賣物以租金抵償債務！
借名登記	本件拍賣標的物查封時已由第三人陳 O 玉占有使用中，經其在場表示拍賣標的物原為其所購買，現係為自己而占有，拍定後不點交，請應買人注意，拍定後自行解決上開利用關係。

這種無償借予的堆放物品，是無償契約，這種契約是屬於原所有權人與借用人之間的特定關係，借用人不得新受讓人主張，只要打【無權占有請求遷讓房屋】官司，勝訴機率 95% 以上！

在法律上借貸關係屬於第三人張 OO 跟前任屋主的法律關係，拍定後此房屋新所有權人跟現在的占住人第三人張 OO 沒有債權的法律關係，所以占住人第三人張 OO 屬於無權占有，此案只要打【無權占有請求遷讓房屋】官司，勝訴機率 95% 以上！

這種無償借住的例子，跟無償借予堆放物品一樣，都是無償契約，這種契約是屬於原所有權人與借用人之間的特定關係，借用人不得新受讓人主張，只要打【無權占有請求遷讓房屋】官司，勝訴機率 95% 以上！

在民法》第 425 條指出，對於未經公證之不動產租約，其租約期限逾 5 年或未定期限者，買賣可以破租賃。
所以對於一些正常的租約來說，基本上好好的跟租客溝通，都可以把不點交轉為點交。
對於一些假租約，也有《民法》第 425 條載明，租期逾 5 年可以解除租賃的法律，但是在法律上，假租約的舉證是困難的，所以我們可以挑一些正常的租賃年限的不點交物件，來做進場。

如果夫妻還沒離婚，那妻子占用，法院會點交，但此案夫妻已離婚，妻子的占有屬於無權占有，此案打官司勝訴機率 95% 以上。

以債抵租，的債權關係是針對於前屋主＆現住人，原約定的債權對於新的拍定人無效，而張 OO 必須給付給新屋主租金之義務。

借名登記，是原登記名義人跟現住人之間的關係，對第三人無權主張繼受借名登記的相關法律關係。

剖析「不點交」筆錄 & 法律策略攻防

「不點交」風險處理的難度非常高，本人對於不點交的物件也是戰戰兢兢，所以要挑選物件時，我只挑自己有把握的案子，畢竟小心駛得萬年船。

目前這本書，跟各位分享幾種常見不點交，且打官司勝訴機會大的不點交，如果未來您看到這些不點交的物件，就是你準備好子彈準備進場的時機囉！

每次我看到下列這幾種不點交的狀況時，我都會異常的興奮，因為下面這幾種不點交勝訴的機率超級高；也因為不點交，幫我自動排除很多競爭對手，讓我可以順利的買到超便宜的價格！

圖A：無權占有請求房屋遷讓

民事起訴	狀			
案號	○○年度司執字第○○號		承辦股別	○股
訴 訟 標 的 金 額 或 價 額	新台幣		元	
稱　　　　謂	姓 名 或 名 稱	依序填寫：國民身分證號碼或營利事業統一編號、性別、出生年月日、職業、住居所、就業處所、公務所、事務所或營業所、郵遞區號、電話、傳真、電子郵件位址。指定送達代收人及其送達處所。		
原告	○○○	身分證字號(或營利事業統一編號)： 出生年月日： 性別： 住居所或營業所及電話 郵遞區號：		
被告	○○○	身分證字號(或營利事業統一編號)： 出生年月日： 性別： 住居所或營業所及電話 郵遞區號：		

為請求遷讓房屋，依法提起訴訟：

訴之聲明

1.被告等應將座落○○○○騰空謙讓返還原告

2.被告應給付，自○年○月○日起至遷讓日止，按月給付○元相當於租金之損害賠償金。

3.訴訟費用由被告負擔

4.原告院提供擔保，請准宣告假執行

事實及理由

一.原告於○年○月○日依法向　鈞院購得座落○○○房屋連地壹戶，領取鈞院核發不動產權利移轉證書在案。

二、按「所有人對於無權占有或侵權其所有物者，得請求返還之」，又「因故意或過失，不法侵害他人之權利者，負損害賠償責任」。為《民法》第六七六條、一八四條分別定有文明。準此，被告等一方面係屬「無權占有」，它方面又係構成「侵權行為」，自應負騰空遷讓返還該占有房屋予所有權人即被告之義務。又被告於原告○年○月○日取得所有權之起尚應就無權占有之房屋應賠償所有人「相嚙於租金之損害」，依當地租金收入標準以每月陸仟元為適當，是以自○○年○月○日起至遷讓日止按每月陸仟元賠償原告之損害，併一敘明。

三、經查，原告於取得所有權登記後，屢經催請被告遷讓返還該標得房屋，均遭置之不理，或藉機需索無視法院執行之威信。原告為維權益，及不得以法院起訴以求保障。

四、綜上所述，爰依《民法》第一八四條、第六七六條規定提起民事訴訟狀、請鈞院鑒核，賜判如訴之聲明，以保權益，至感德便。

謹狀

臺灣○○地方法院民事執行處　　公鑒

證物名稱及件數	

中　華　民　國　○○　年　　○○　月　○○　　日

　　　　　　　　　　　　　具狀人　　○○○　　　簽名

　　　　　　　　　　　　　撰狀人　　○○○　　　簽名

圖B：使用借貸，請求遷讓房屋

民事起訴		狀		
案號	○○年度司執字第○○號		承辦股別	○股
訴 訟 標 的 金 額 或 價 額	新台幣	元		
稱 　 　 謂	姓 名 或 名 稱	依序填寫：國民身分證號碼或營利事業統一編號、性別、出生年月日、職業、住居所、就業處所、公務所、事務所或營業所、郵遞區號、電話、傳真、電子郵件位址。指定送達代收人及其送達處所。		
原告	○○○	身分證字號(或營利事業統一編號)： 出生年月日： 性別： 住居所或營業所及電話 郵遞區號：		
被告	○○○	身分證字號(或營利事業統一編號)： 出生年月日： 性別： 住居所或營業所及電話 郵遞區號：		

為請求遷讓房屋，依法提起訴訟：

訴之聲明

1.被告等應將座落○○○○騰空謙讓返還原告

2.被告應給付，自○年○月○日起至遷讓日止，按月給付○元相當於租金之損害賠償金。

3.訴訟費用由被告負擔

4.原告院提供擔保，請准宣告假執行

事實及理由

　　緣　被告於○年○月○日依法標購○○地院案號○○座落 XXXX，於民國○年○月○日已領取法院所發給之不動產移轉證明書在案，筆錄載明「第三人使用借貸，不點交」台端占有上開不動產。經聲明閱卷得知被告占有原因為使用借貸，按使用借貸為無償契約，原屬貸與人與借用人間之特定關係非如借貸之有《民法》第四二五條規定，一旦借用物之所有權移轉與第三人後，借用人除得新所有權人之同意允予繼續使用外，借用人不得對借用物之受讓人主張其與原所有人間使用借貸契約繼續存在，而拒絕返還（最高法院五十年度台上字第一五八七號，七十六年度台上第二三一四號判決參照），系爭房屋原告經拍賣取得，並已取得不動產權利移轉證書之日起，被告已無權占有。因此應賠償原告新台幣○○○元同時經民國○年○月○日起訴日起至交屋之日止應按月給付原個新台幣○○○元為此依法狀請　鈞院判決如訴之聲明，謹請依職權宣告假執行，以免遲延，實為德便。

謹狀

臺灣○○地方法院民事執行處　　公鑒

證物名稱及件數	

中　華　民　國　○○　年　　○○　月　○○　　日

　　　　　　　　　　具狀人　　○○○　　　簽名

　　　　　　　　　　撰狀人　　○○○　　　簽名

圖 C：正常租約

民事起訴　　　　　　　狀			
案號	○○年度司執字第○○號	承辦股別	○股
訴 訟 標 的 的 金 額 或 價 額	新台幣　　　　　　　　　　　　元		
稱　　　　　　　謂	姓 名 或 名 稱	依序填寫：國民身分證號碼或營利事業統一編號、性別、出生年月日、職業、住居所、就業處所、公務所、事務所或營業所、郵遞區號、電話、傳真、電子郵件位址。指定送達代收人及其送達處所。	
原告	○○○	身分證字號(或營利事業統一編號)： 出生年月日： 性別： 住居所或營業所及電話 郵遞區號：	
被告	○○○	身分證字號(或營利事業統一編號)： 出生年月日： 性別： 住居所或營業所及電話 郵遞區號：	

為請求遷讓房屋，依法提起訴訟：

訴之聲明

1.被告等應將座落○○○○騰空謙讓返還原告

2.被告應給付，自○年○月○日起至遷讓日止，按月給付○元相當於租金之損害賠償金。

3.訴訟費用由被告負擔

4.原告院提供擔保，請准宣告假執行

事實及理由

一.原告於○年○月○日依法向　鈞院購得座落○○○房屋連地壹戶，領取鈞院核發不動產權利移轉證書在案，筆錄載明『○○○承租中，租期○年○月○日起，租期為一年』

二.

　　依《民法》第四二五條：其租賃契約對於受讓人原告仍繼續存在，租期至○年○月○日止，被告應自○○年○○月○○日原告領取不動產權利移轉證書起至○年○月○日止，每月給付原告租金新台幣○○○元，但被告至今尚未給付原告未收租金新台幣○○○元。

　　同時被告自○年○月○日起無權占有至遷讓房屋之日止，按月給付原告新台幣○○○元相當於租金之損害賠償金。

　　為此依法狀請　鈞院判決如訴之聲明，謹請依職權宣告假執行，以免遷延，實為德便。

狀請

謹狀

臺灣○○地方法院民事執行處　　公鑒

證物名稱及件數	

中　華　民　國　○○　年　　○○　月　○○　日

　　　　　　　　　具狀人　　○○○　　　簽名

　　　　　　　　　撰狀人　　○○○　　　簽名

投標前，如何與現住人談判？

有一次，我找到一個自己非常感興趣的法拍屋標的，這是一個需點交的物件，我跟合夥人討論過後，兩人便決定合資標下這個房子，接下來，我就開始做購買法拍屋的 SOP 三步驟—看、標、點。

那天下午，我跟小巴找房仲，請他帶我們去看了與該物件同社區的其他樓層，之後，等待房仲離開後，我們就去敲這個法拍屋的現住人家的門鈴……。小巴十分不解，他問我：「明明是點交的房子，我們為何還要跟現住人談呢？」

我回答：「雖然這是點交的物件，我們在法律上是完全可以拿到使用權的，然而在人情世故方面，假設裡面住了一個老先生或老太太，一輩子就只剩這間房子，也沒有其他去處，那麼在未來若有可能強制執行點交時，是有可能出現屋主因抗拒而做出損人不利己的行為，結果就是兩敗俱傷……，而這樣一來，就算是再好的物件，也不能算是一個好的標的物。

同理可證，對於點交的物件都已如此小心了，那麼若碰上不點交的物件，我們更必要在投標前先跟現住人先打個招呼。因為先在投標前與現住人達成協議，並在得標後給與多少搬家費協助其搬家，或讓現租人終止現在租約、另打新的租約，上述種種解決辦法對於降低不點交風險的不確定性，效果極大！

也因為在拍定前，我們便已跟現住人達成協議（例如協助搬離或打新租約），我們也可以的把這個物件再拍定的當下，從不點交轉成點交，就立即可以把這個物件拿到銀行做房屋貸款！所以，不管這間房子是點交還是不點交，基本上我都會想盡辦法先跟現住人打聲招呼，表示自己

想要標購此物件，並且與他們妥善討論得標後的後續事宜。

所以，不管這個物件是點交還是不點交，筆者建議大家在投標前，先盡可能地與現住人碰上一面好好聊一聊吧！

房市好旺角

在投標前與現住人先溝通的好處

1. 立即把不點交轉為點交。
2. 降低現住人在房子裡面做出損人不利己的事情。
3. 省掉法院攏長的法律流程。
4. 省掉動產拍賣的費用。
5. 銀行可辦理房（不點交銀行不貸款，轉點交後可貸款）。

與現住人溝通的撇步

通常，我在拍定前，都會試著找現住人碰面討論後續的工作。基本上，我最常用的身分就是法拍屋的代標業者，因為代標業者相對可用第三方的角度來看待整件事，以下就是我個人跟現住人聊天的實際經驗。

Step 1：按下債務人的門鈴。
Step 2：身分為代標業者的拜訪。
Step 3：如果沒人在，就親手寫拜訪信投入信箱。

我通常會這樣開場：「O先生您好，我是OOO（同步秀出身分證），我是房屋代標業務員，我這邊有客戶對於您的房子有興趣投標，所以想請問您，您對於目前的投標案，有什麼想法嗎？如果您想要自己標回，那我會請客戶不要進場參與標案，讓您可以繼續住在這裡……，請問您

的意見是⋯⋯？」

若屋主有意願了解，那麼接下來，請你務必使用交朋友的方式，以及多多站在對方立場的角度跟對方聊天，例如談談搬家費、搬遷時間以及未來點交的處理事宜等！

而在即將離開前，還有一個小撇步別忘了，那就是記得跟對方借用廁所，趁機觀察一下屋內狀況，用以做為評估投標後，物件必須裝潢的費用！

當然，事情多半都不會那麼順利，債務人通常都不喜歡有人來打擾，更不願意與外人多交流，甚至極有可能早就欠債跑路了，導致房子空置許久⋯⋯，但即便如此，我還是建議大家，若無法順利跟現住人碰上一面，那麼我們就親手寫封信或留張紙條給他，禮尚往來嘛！

「不點交」的實戰分享—勝訴機率 95% 的甜蜜物件

在說明了不點交的相關重點後，我跟各位分享一個自己親身經歷的案子：

該物件是新成屋，是屋齡大約 4 年的電梯大樓，當我看到物件地點是位在桃園觀光夜市旁邊時，心裡就暗聲叫好了⋯⋯原因是，這個地點很好，離未來的捷運站走路只要 7 分鐘，且配有平面車位，怎麼看都是上上之選。

而在看了筆錄之後，我可是更加興奮了，因為這個物件不點交的原因就是勝訴機率達 95% 以上的「無償借予」。於是，我趕緊約仲介帶看與該物件同社區的其他房子，評估並瞭解公設比、管理費、停車位、管委會營運等狀況，確定該物件的各項條件都是我喜歡的，之後便開始查

詢實價登陸，確定這個建案的行情價約落在 900 多萬，而這個不點交物件的拍賣底價，竟已降至 710 萬。

以下是我在投標前，對於這個建案所做的功課（包括流標紀錄、法拍筆錄、捷運站距離、建案新聞、座向、格局等）。而評斷物件優劣的憑據，就是採用前面教過的口訣「地環屋價」。

緊接著，我開始進一步跟現住人接觸，首先是拜訪樓下管理員，打聽現住人的狀況（進出頻率、工作職業、管理費繳交狀況等），之後又發現現住人已積欠了近半年的管理費，算是管理員心中的頭痛人物。而在發現管理員的煩惱後，我趕緊打蛇隨棍上，當下便跟管理員表明，未來若順利標下物件，會協助部分的管理費 (法律上規定：如果法拍公告未註明者，不必付)。而管理員在知道我可以解決他的麻煩事後，他開始把自己知道的資訊通通告訴我！之後，我請管理員協助我打電話給屋主，請他幫我約屋主碰面聊聊！很幸運的是，屋主當時剛好在家，但拒絕跟我見面，於是我只好親手寫信拜訪他，希望他可以主動跟我聯繫。

果然，就在投標前一天，屋主主動連繫我，我也用前面教授大家的方法，扮演代標業者的角色去跟他談判斡旋，針對未來的搬遷事宜一一徵詢對方的意見。我甚至主動提出，我願意親自過去他住的地方當面討論。

一切都很順利地進行，我甚至如願以償地跟對方借廁所使用，趁機參觀一下目前的屋況，確定屋況良好—因為屋主極少在家下廚，就連廚具的標籤貼膜都沒有撕下，屋況幾乎是全新的，屋主甚至透露自己當初也花了 60 多萬裝潢……。

最後，他跟我敲定了一個搬遷費，我們當面簽署搬遷同意書，這個

結果讓我在拍定的當下立即把不點交物件轉成為點交物件，並且順利地跟銀行談好房貸成數，順利取得貸款！

（懂）賺 500 萬 vs.（不懂）套牢 150 萬

筆者最後跟大家分享我個人在 2020 年 1 月份發生的二個實際案例：

1、我在法拍市場中，我協助客戶，透過應買公告購買了一間位在新北市 4 年新大樓，也協助她成功的度過法律談判，免除前任屋主所留下的巨額管理費，此間房子幫她現賺（省）500 萬（市價約 1,200 萬，但用 700 萬左右的成本購得）。

2、在法拍屋市場中，位在新北市屋齡 7 年的法拍屋，市價約 800 萬，但是得標人用 950 萬標購得此房子（高於市價 150 萬）。

從上面這 2 個實際案例，可以看出懂與不懂之間，就讓自己荷包有巨額的差異。

對於我們一般市井小民來說，我們的每個百萬都是辛辛苦苦攢下來的，如果您正在買房路上，帶上我的寶貴經驗幻化成您的購屋寶典！

最後，這本書希望可以傳達「自住兼投資」的理念，對於想買房自住、或買房投資的人，此書當做你的錦囊寶典。

識財經 19

小資族的不動產煉金術
錢進法拍屋，18% 輕鬆賺

作　　者—法拍小哥
視覺設計—徐思文
主　　編—林憶純
行銷企劃—許文薰

第五編輯部總監—梁芳春
董 事 長－趙政岷
出 版 者－時報文化出版企業股份有限公司
　　　　　108019 台北市和平西路三段 240 號 7 樓
　　　　　發行專線－（02）2306-6842
　　　　　讀者服務專線－ 0800-231-705 · (02)2304-7103
　　　　　讀者服務傳真－ (02)2304-6858
　　　　　郵撥－ 19344724　時報文化出版公司
　　　　　信箱－ 10899 台北華江橋郵局第 99 信箱
時報悅讀網－ www.readingtimes.com.tw
電子郵箱－ yoho@readingtimes.com.tw
法律顧問－理律法律事務所 陳長文律師、李念祖律師
印　　刷－勁達印刷公司
初版一刷－ 2020 年 1 月 31 日
初版三刷－ 2022 年 9 月 14 日
定　　價－新臺幣 350 元

（缺頁或破損的書，請寄回更換）

時報文化出版公司成立於 1975 年，並於 1999 年股票上櫃公開發行，
於 2008 年脫離中時集團非屬旺中，以「尊重智慧與創意的文化事業」
為信念。

小資族的不動產煉金術：錢進法拍屋，18%
輕鬆賺/法拍小哥作 . -- 初版 . — 臺北
市：時報文化，2020.01
　　224 面；17*23 公分
　　ISBN 978-957-13-7932-6（平裝）
　　1.不動產 2.拍賣 3.投資
　　　　　　554.89　　　　　108013769

ISBN 978-957-13-7932-6
Printed in Taiwan